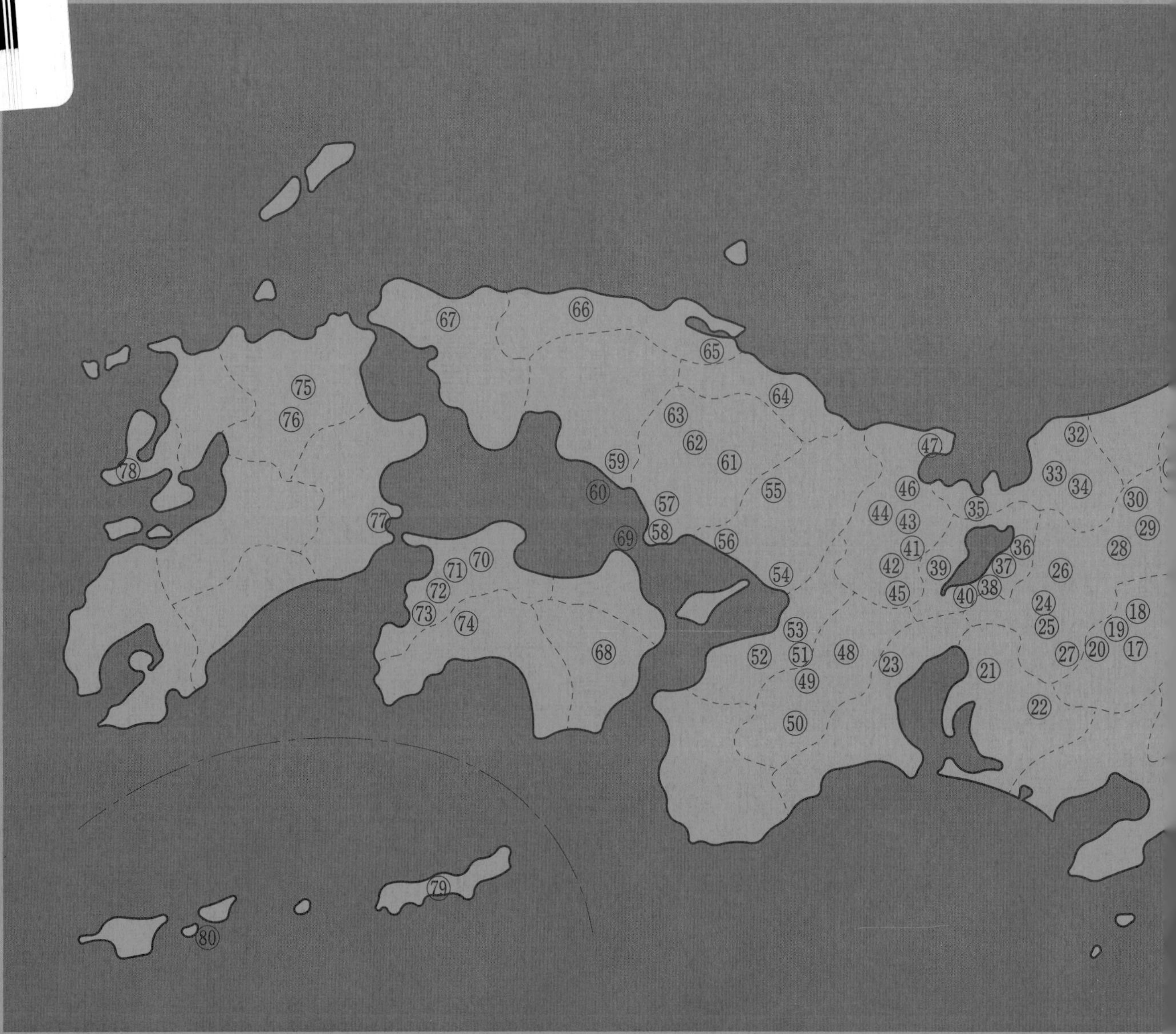

67
66
65
75
76
64
63
32
62
61
59
47
78
55
33
34
60
46
30
57
35
44
77
43
29
69
58
56
36
28
70
41
71
42
39
37
26
54
72
45
40
38
24
18
73
74
25
19
53
27
20
17
52
51
48
68
23
21
49
22
50
79
80

民家・町並み探訪事典

吉田桂二

東京堂出版

序にかえて

町並みを見る視点

町並み保存は認知されるに至った

昭和四十五年前後の頃から、期せずして、日本の各地で、町並み保存運動が始まった。それぞれに違いはあったが、何のためらいもなく高度経済成長を目指して、しゃにむに突き進んでいる結果が、環境に重大な破壊をもたらしていることに気付いた、住民の抵抗運動という側面を持っていた。なりふりかまわぬ乱開発で、自分達が永年住み続けてきた町が、破壊されようとしていることに対する危機感が、確実に意識の底辺にあった。

それから三十年経つ。当初の頃は行政と対立することの多かった運動も、住民と行政の対話で前進し、町並み保存を町づくりの重要施策として位置付けるに至ったが、ここ数年の間は、町の活性化に目標を定めてきたように思われる。町並み保存は、紆余曲折の末、ようやく認知される段階まできた。

古い町並みが残っている地域では、経済生活が落ち込み、過疎化が進んでいる。そんな町の町づくりなら、生活が成り立つようにすることが最重要課題になる。町の活性化とは、あけすけに言えば、商業振興なのである。

町並み保存に努力してきた地域を見てみると、観光客で賑わう有名観光地になっているところが多いのが、町の活性化の具体的目標になっている。国選定の「重要伝統的建造物群保存地区」の制度は、昭和五十年に制定されたが、以来、選定される地区の数は伸び悩んでいた。国にタガをはめられては困ると思って、二の足を踏んでいたのだが、このところ、急増の状態になっている。観光地としてのお墨付きのように思われてきたからであろう。

観光化で人の住まない町になる危険

観光化は、町を活性化する早道であることは確かだ。しかし、新たな問題を引き起こす引きがねにもなりかねない。観光客相手の店を開いている人は、家全体を店舗化して住まなくなる。商売せずに住んでいる人は、家を覗き込まれる、うるさいなどの理由で、その町に住まなくなる。観光化した地域では、もう実際に起こっていることなのだ。
人が住まなくなった町をゴーストタウンと言う。観光化での町の活性化は、ほんの一時期のことかもしれぬ。観光化が過ぎ去った時、絶望的な町のゴーストタウンの状況が見えたのでは遅過ぎる。町並み保存に取り組む以前の状態の方が、まだましなのである。

町の人に会うために訪れる

町並みを訪ねるのは、何のために行くのであろうか。古い町並みが好きだから、でよいけれども、好きで行って何をするのか。まさか、どこの観光地でも売っている安い土産物をどっさり買えば、行ったことになると思っているわけではあるまい。その地域ならではの、生活の歴史を止めた町並みを見る、多分これが優等生的回答であろうが、もしもその町が人の住んでいないゴーストタウンだったら、その不気味さに耐えかねて逃げ出すことだろう。
風土に培われた家と町並みに、柔和な心を持って住む人達に会う、これでなければならないであろう。これが町を訪ねる時の礼儀であり、また、いかさま観光化を避けさせることにも資するはずである。

東京堂出版から、以前に『町並み・家並み事典』というのを出しているが、それから早、十五年ほど経つ。この本はその改定版だが、意識的に新しく取り上げる町並みを多くした。減って困るんじゃない、という人もいたが、取り上げるべき町並みはむしろ増えている。

著者

二〇〇〇年九月

目次

（地域名の上に付した番号は、本文では頁数の上部に付けています）

中　国

民家・町並み探訪事典

小樽運河に町の栄枯盛衰を感じる

北海道小樽市

以前にここにきたのは、思えば、二八年も昔のことになる。今よりも広かった運河には、朽ち果てた木造の艀《はしけ》が舷《ふなばた》を接して浮かび、静かに波に揺れていた。両岸に建ち並ぶ石造や煉瓦造《れんがぞう》の倉庫群は、押し黙ったままでいる。寂寥《せきりょう》の風景といってよかった。

今度来てみて、その変貌ぶりに驚いた。運河が埋め立てられて半分の幅になり、道路がその分拡幅されたのは知っていたが、ここが昔と同じ場所だとは、到底信じられないほどの賑《にぎ》わいであった。大型の観光バスが、遥か遠くまで、数え切れないほどに並び、観光客の人の波が、陳腐《ちんぷ》な表現だが、寄せては返す有様。大変な観光地になっている。

運河には艀などはもちろんなく、石積みの美しい護岸に、水辺の散策路があり、街路樹と古風な街路灯が並ぶ。ベンチは、声高に笑いざわめくオバサマ達で充満している。運河の向こう岸の赤煉瓦の倉庫群は美しく蘇《よみがえ》り、ビアホールなどになっていて、昼間ながら、ガラス窓の中にきらびやかな明りが覗《のぞ》かれる。しかし、拡幅された道路側の倉庫群は数が激減していた。背の高いホテルが多い。ここに泊まれば、部屋から運河が一望できるから、ホテルとして適地であるに違いないが、景観は切り苛《さいな》まれてしまった。

難しい課題がここにある。その土地の原風景というものは、経済的な利用価値が失われた土地だから残っているわけで、そんなところでは食べて行くことができない。なんとかそこで食べて行くには、観光化は必須《ひっす》といってよい。しかしそうなると原風景は、観光的要素のみに成り果てるということであろう。

しかし、もっと達観して眺めるべきなのかもしれぬ。小樽の運河や倉庫群は、小樽が北海道の玄関口として繁栄した時のもの、その後衰微《すいび》して残されたものであった。今また、小樽が観光での繁栄にあるとしても、やがてまた衰退する日が来ないとも言えない。その時、今の風景が、小樽の原風景にならないと言い切ることができるであろうか。

こんなことも、旅人の気楽さだから言えることなのかもしれない。

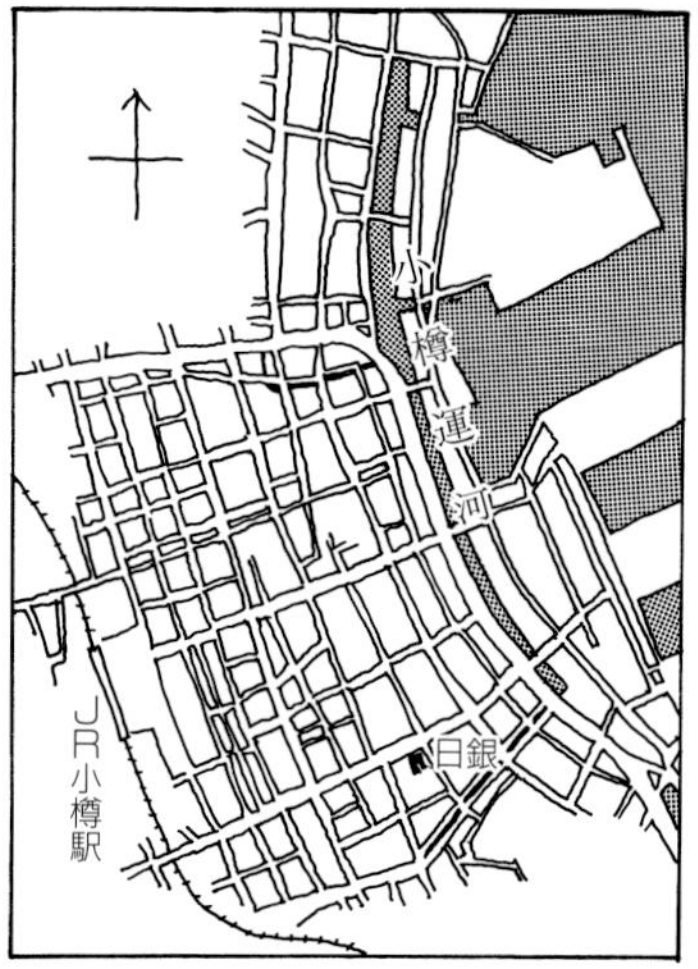

小樽

東北
青森県弘前市

今ではもう珍しい「こみせ」のある家

弘前での見どころは、なんと言っても、あの広大な城跡であろう。可愛らしい天守閣も残っていて、弘前と聞くと、この天守閣を背景にした、桜満開の図を想起する人が多いはずだ。だから、ここにくると、先ず足を運ぶのが城址公園である。

城址公園を北に進んで、亀甲門から外に出る。堀の向こうの町角に、間口十数間もある大きな家が見える。重要文化財民家の石場家がこれ。江戸時代後期の建物だから相当な古さだ。大きいが質素な造りで、緩い勾配《こうばい》の屋根は鉄板葺《ぶ》きになっているが、本来は板葺きだったと思われる。

しかしそんなことよりも、家の道路側に長々と取り付けられた「こみせ」に注目したい。積雪期にも道が通れるよう、設けられた昔のアーケードである。同じものが越後にもあって、そこでは「がんぎ」と呼ばれているが、この名称の方がよく知られている。道路に降り積もる雪が高さを増すごとに、柱の間に厚板を落とし込んで、雪囲いを高くしてゆく造りになっている。

雪が降れば、すぐに道路の除雪をするようになって、今では無用になり、かつては町じゅうにあった「こみせ」は消えたが、保存されているこの家にだけは残ったというわけだ。町で見られるのは現代の「こみせ」であるアーケードばかりだが、注意深く見て歩けば、ごくわずかだが、残っている所もある。

石場家から、さらに北へ足を延ばすと、そこは昔の武家屋敷町となる。町人町は町家が道路に接して建ち並ぶが、武家屋敷町では家は屋敷内に隠れ、道路面に生垣が続くので、すぐに分かるはずだ。生垣が続く中に、これも質素で可愛らしい門構えがある。萩《はぎ》の武家屋敷では、高々とした石積みの練り塀に、堂々たる長屋門の屋敷構えになる武家屋敷だが、このあたり、東北の武家屋敷は、それに比べてまことに質素というよりない。

この地区は、国選定の「重要伝統的建造物群保存地区」になっている。

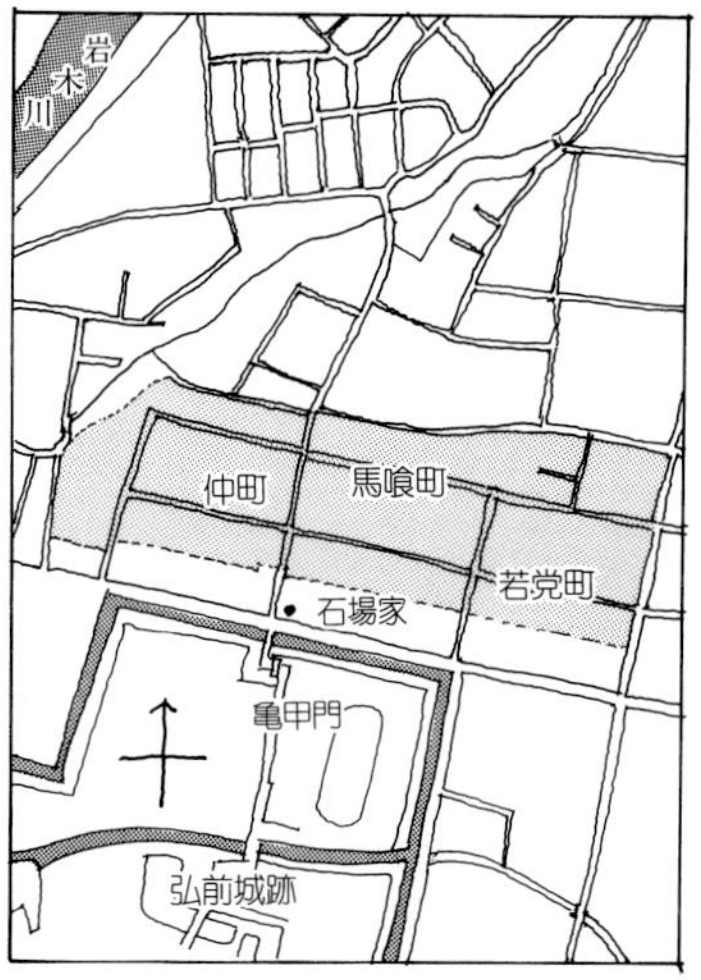

東北

明治以後の歳月で森と化した武家屋敷町

秋田県仙北郡角館町《かくのだてまち》

角館では、町人町と武家屋敷町との区画に、「火除《よ》け」と呼ばれる、幅二一メートルの空地を取り、そこに高さ三メートルの土塀を立て、明確に分離していた。町人町は家が密集していて、火事が頻繁《ひんぱん》。武家屋敷町は広大な敷地に大きな家がゆったりだから、火が出ても類焼することはまずない。それなのに「火除け」とは何ごとか、と言いたいが、これは一種の城壁だったのであろう。ちなみに、角館では、古くは山城のあった時代もあったが、江戸時代は秋田、佐竹藩の藩内にあったので城はなく、行政的な意味での武士在住地として、武家屋敷町が存在した。

広く直線をなす道路に面して、黒い板塀が長々と続き、お寺の山門にも似た大きな門構えの中に、これまた大きな家の屋根が見えている、というのが角館の武家屋敷町の風景だが、それらが小さく見えるほど、空を覆って繁茂した、森のような樹木の様相の方が圧倒的だ。

武家屋敷は用地が広く、庭園と呼べるほどの屋敷林はあったが、奥の方の屋敷内は畑になっていて、自家用の野菜などをつくっていたのだから、これほどに深山の森のような屋敷ではなかったはずだ。明治になって武士階級の身分の保証がなくなり、武家屋敷に住む人が減り、家が打ち捨てられ、屋敷内はかまう人なく自然にまかされたあげく、森の状態に戻ったのである。老木となった巨木は、朽ちて倒木となる状態にまで近付いているのだから、何かのきっかけで倒れて、家を破壊する危険は充分に考えられる。このまま置くのが自然保護なのかもしれないが、ここは国選定の「重要伝統的建造物群保存地区」だから、建物の保存も重要だし、建物を歴史的な形態で保存してゆくなら、屋敷内の状態も復元する論理があってよいのではなかろうか。

森のような武家屋敷町は、角館ならではの観光の目玉だけれども、あまりにも暗過ぎるような気もする。事故があってからの対応ではもう遅い。そろそろ手を打つ時期にきているのではなかろうか。

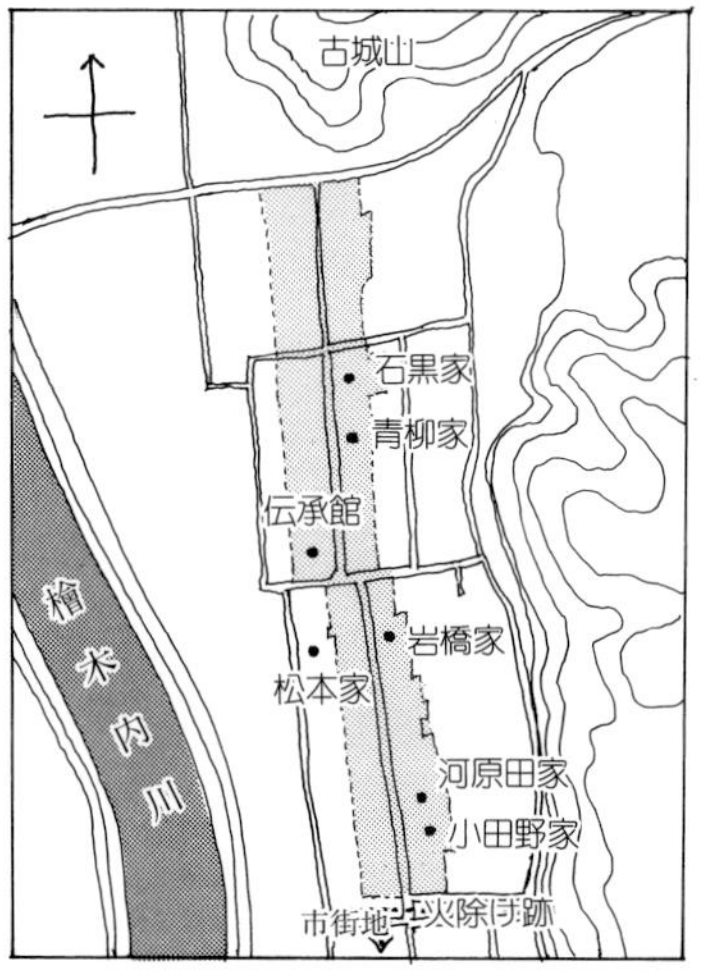

角館

東北

ここは秋田ではないが、杉の森に囲まれた町

山形県最上郡金山町《かなやままち》

金山はあまり知られた町ではないが、木造建築に携《たずさ》わっている人の間では、よく知られた町といってよい。そうした人達なら、秋田杉が杉材の三役格と評価される良材であることは周知で、金山はその産地なのである。町は小さな盆地にあって、周囲は山に囲まれているが、その山襞《やまひだ》には杉の木が畑の作物のように育てられている。樹齢百年を越す森もあるし、小さな苗木を植えたばかりの山もある。

しかし、ここを杉材の産地として知っている人も「あれぇ、金山は秋田じゃないのかえ」と言う人が多い。金山は山形県ではあるが、山ひとつ越えれば秋田になる県境の町である。ここから山形に向かって最初の大きな町が新庄。山形新幹線が新庄まで延びたので、近頃はかなり便利になった。

町の中心部といっても、家の裏には小川が流れているような、鄙《ひな》びた風情《ふぜい》の町だから、それほど広いわけではない。見渡すと、妻《つま》入り型と呼ぶ、家の妻側をなす三角形の壁を通り側に見せた家が眼に付く。この壁に幾段にも重ねられた梁《はり》が見える。屋根勾配《こうばい》が緩《ゆる》いのは、昔板葺《いたぶ》きだったからだ。板葺きの屋根は軽いけれども、ここは多雪地帯だから、雪の重量は凄《すご》いはず、この梁組みは積雪に耐えるための構えなのである。

古い町並みに行くと、家の妻側を通りに見せた妻入り型の町並みと、その逆で、軒先《のきさき》を道路側に連ねた平入《ひらい》り型がある。家が密集してくると平入り型が多くなるため、妻入り型の町並みは、密集以前の町ということで、まだ田舎っぽさを多量に残す町といってよい。そんな見方をすれば、金山の町の様相が深く理解できるであろう。

金山は今、町づくりに取り組んでいる。金山らしい家の中に、今様の無国籍型住宅が増えてきたことを、「これではならじ」と思う人が多くいるのであろう。形の崩れた家を、梁を見せた家に修景している例も見られる。土蔵の数が多いのに、雪囲いで隠され、全く土蔵に見えないのも、残念なことだ。これも考えるべき課題であろう。

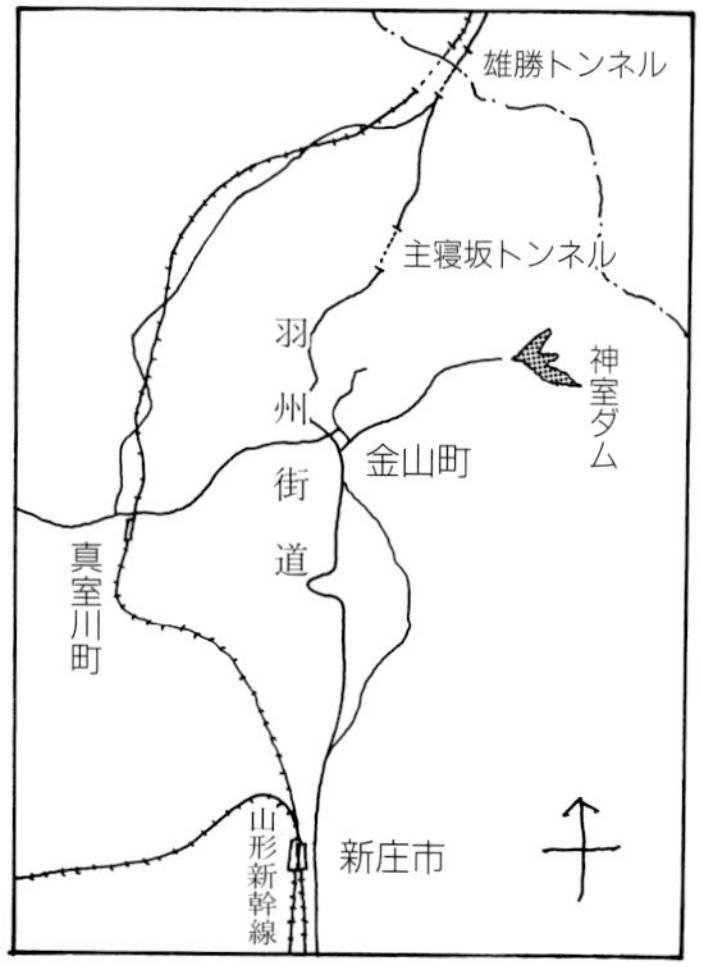

金山

銀山温泉の旅館街は大正ロマンの町並み

東北

山形県尾花沢《おばなざわ》市

尾花沢市の市街地をはずれて山に入り、銀山川沿いに遡《さかのぼ》って行くと、道路のどん詰まりのところに銀山温泉がある。銀山川の細い流れを挟んで両側に、三階建ての多い旅館街の町並みが、隙間もなく連なっている。狭い谷間にできた町だから、建物の密集度が高く、ほとんど総三階にもなったのであろう。

建物が密集しているので、窓は川に向けてしか取れないため、どの旅館も川に面して、盛大にガラス面を連ねている。これでは対岸の旅館同志、互いに部屋の中が丸見えになるが、見られて困る時は障子を引けばよいと考えれば、なかなかに開放的で明るい雰囲気の旅館街である。

どの旅館も似たような外観で庇《ひさし》を重ねている中にあって、ひときわ抜きんでて目立つのが「能登屋旅館」の五重の塔まがいの塔である。この温泉街のシンボルタワーと言ってもよいほどの存在感がある。五重の塔まがいと表現したのは、独立して立つ塔ではなく、建物の正面玄関の上部だけが、五重の塔を取り付けたような姿になっているからで、遠くからは塔の頂部だけが聳《そび》え立って見え、近付いて正面に来ると、五重の塔に見えるという具合なのである。

しかし、見れば見るほど建物の造りは凝りに凝っている。西洋館的な造りだが、細部は和風の装飾がちりばめられている。どうやらこれは、大正ロマンの造形と言ってよかろう。「能登屋旅館」を筆頭として、どの旅館もそんな味をどこかに持っているので、温泉街全体にそんな雰囲気が漂っている。銀山という地名の由来は、銀を産出した時代があったからで、それを思うと、シルバーラッシュの中で造られた温泉と遊興の町、というイメージが湧いてくるが、事実はそうではないらしい。銀が産出したのは、江戸時代初期の頃だという。

しかしまた、「能登屋旅館」の先祖は、能登からきた山師だったとも伝えられている。牽強付《けんきょうふ》会《かい》というなかれ、銀山と温泉街の間には、何らかの関係があると思いたい。

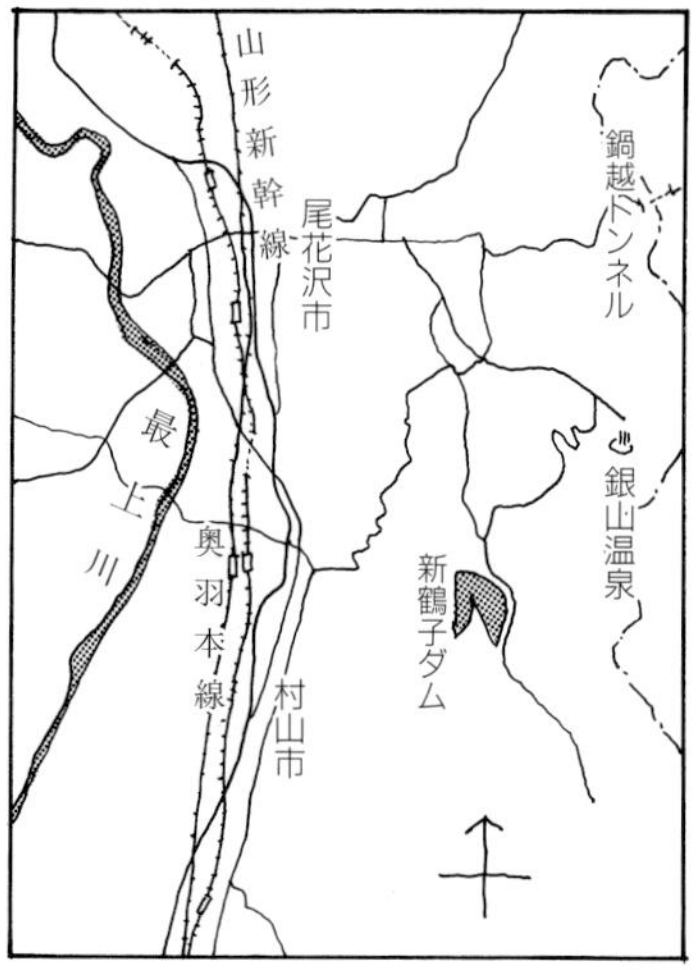

銀山温泉

東北

小さな町に歴史的建築様式の一式が揃う

宮城県登米《とめ》郡登米町《とよままち》

登米は、東北線の鉄道から遠く離れて不便な、仙北平野の真っ直中にある小さな町である。しかし、かつては、みちのくを南北に流れる長大な、北上川の川港をなす町であった。芭蕉も「奥の細道」の途次、海港の石巻から舟できて、ここから陸路北上した。交通上の拠点だったのである。

登米の町の面白さは、小さな町に、武家屋敷町、茅葺《かやぶ》きの家、重厚な土蔵造りの町屋、土蔵、昔の木造の県庁、重要文化財に指定された明治西洋館の小学校、これも明治西洋館の警察署、大きな造り酒屋など、さまざまな歴史的様式の建物が充満していることだ。町を歩けば、ごく短時間の間に、走馬灯《そうまとう》を見るかのように、そうした建物を見て回ることができる。

町全体が歴史的建造物博物館のような様相を呈しているのはなぜだろうか。その理由は輸送路の変遷にあるであろう。かつて、鉄道や車両のない時代においては、陸路よりも、水路の方が輸送路の主軸であった。みちのくでは北上川、山形では最上川、京都と大阪の間は、高瀬川、桂川、鴨川、宇治川が淀川に合流する水路が主輸送路であった。輸送路となった川には、要所に川港がつくられる。今では川港は何の痕跡も残していないが、登米は、鉄道の時代の開幕によって、明治当初の頃の状態のまま、時間が停止したのである。

この町が所在する郡名は登米郡という。こちらの方は「トヨマ」ではなく「トメ」と読む。したがって、県立登米高校は「トメ」、町立登米中学校は「トヨマ」と読むのだから、ややこしいことだ。しかし、読み方は違っても、この小さな町の名が郡名になっていることに、町の由緒を知ることができる。かつてはこのあたり一円の、中心都市であったのである。

この町の歴史的建造物の筆頭をあげよ、と言われれば、迷うことなく登米小学校であろう。二階建の木造校舎だが、廊下が全部吹き曝《さら》しであることに驚く。東北の冬は寒いのに、なぜか南国風なのだ。明治西洋館には、風土的でない要素がかなりあると言ってよい。

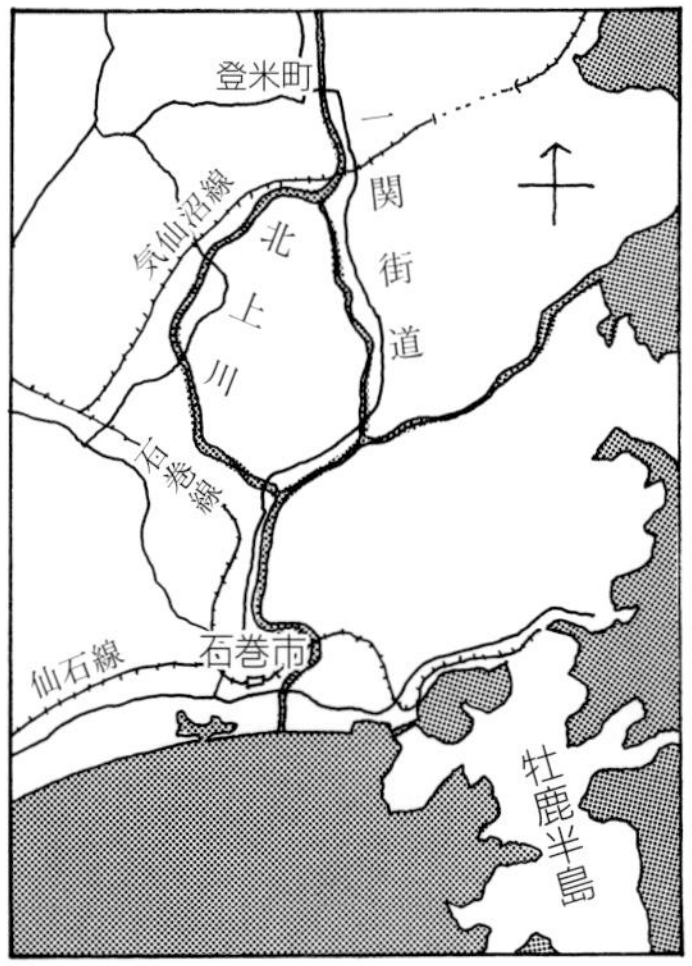

登米

東北

脇街道の馬宿だった大内宿の草屋根の町並み

福島県南会津郡下郷町《しもごうまち》

農耕畜として日本では古来、牛と馬が使われてきたが、その分布はおおむね、牛が西南部、馬が東北部となる。その意味で東北地方は馬の生産地であった。馬は農耕畜でもあるが、馬車を引き、人を載せるなど、車両のない時代の運送・運搬の主役でもあった。農閑期になると、東北地方の各地から、馬数頭を引いて街道を南下する旅の男達の姿がよく見られたという。

江戸と東北を結ぶ街道は、江戸・日光間の日光道中の宇都宮から分岐して、真っ直ぐ北上し、白河の関を越えて東北地方へと通じる道が主街道であったが、脇街道として、常磐の海際を通る浜通り、会津盆地から南下して日光道中の今市に至る、南山通りと呼ばれる二つの街道が平行していた。

主街道は関所が多く、宿賃が高く、物価も高かったし、大名道中などに遭遇すると、何日も足留めされるなど、不都合なことが多かったので、多少の回り道や険阻《けんそ》な山中の道であっても、脇街道を利用する人が多かった。

大内宿は、幅広い一筋道の両側に、大きな寄棟《よせむね》で草屋根の妻側を連ねた町並みが残っていて、南山通りの宿場町の様相を今に留めている。建ち並ぶ家々の間隔が広く、道路の幅も広いのは、人が泊まれば馬も泊まるからで、一人が数頭の馬を連れているとすれば、泊まり客の数を数倍する馬がいることになる。馬繋ぎ場が広く必要なのである。この種の宿場を馬宿《うましゅく》と呼んだ。

交通路の変化で、この村も山中に置き忘れられたかのように、消え去る寸前にまで立ち至っていたが、残り少ない馬宿の遺構を惜しむ保存運動が起き、国の「重要伝統的建造物群保存地区」に選定されて、今では観光客で賑《にぎ》わう町になった。鉄板で覆われていた草屋根が一戸また一戸と保存改修され、草屋根を連ねた町並みが再現されてきた。集落内には草屋根の脇本《わきほん》陣《じん》も復元されて、観光のセンター的役割を果している。

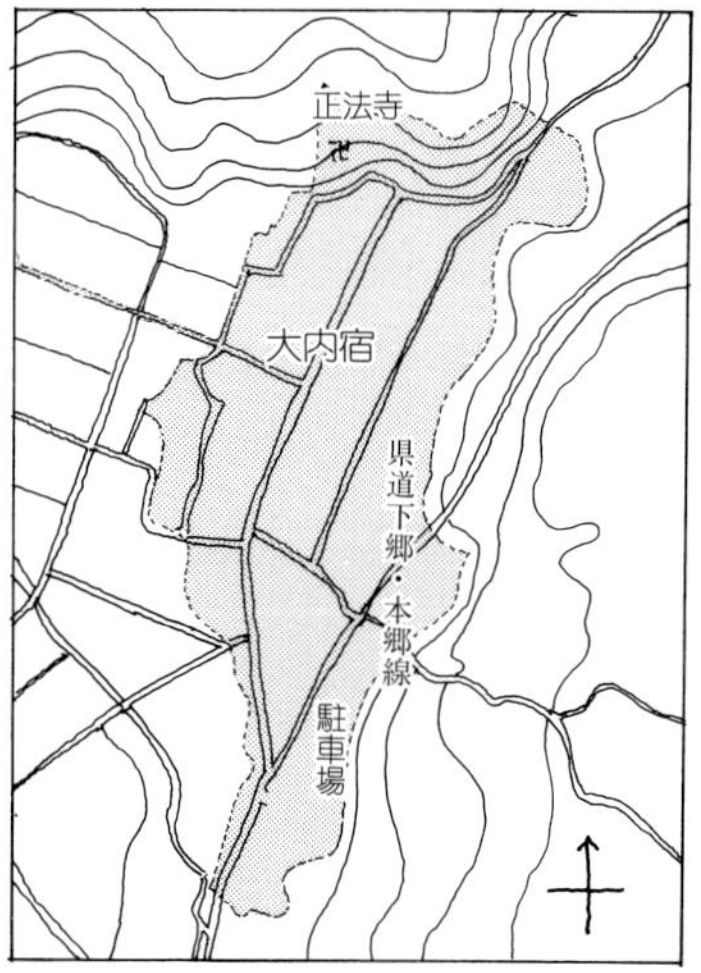

結城紬の名声を馳せた百万石の城下町

茨城県結城《ゆうき》市

「結城は栃木県だっぺな」と土地の人さえ間違えて言うほど、関東平野の文化圏は入り組んでいる。茨城県というと、筑波山から東、つまりJR常磐線の沿線だと思っている人が多い。昔の国名でいえば常陸《ひたち》の国である。確かに、鬼怒《きぬ》川、渡良瀬《わたらせ》川が利根川に合流するあたりの流域一帯は、関東平野の真っ直中で、地域を区画する要素に乏しい。東に筑波山が低く、西に日光連峰が遠く霞んで見える広大な地域だ。

　結城は鎌倉時代、結城朝光《ともみつ》がここを居城として町を築いたという。鎌倉時代から戦国時代にかけて、幾度となくあった合戦に勝ったり負けたりしながらも、結城氏はここに蟠居《ばんきょ》し続けたが、家康の次男でここの養子となった結城秀康が越前福井に転封されて、この地の結城氏は途絶えた。

　しかし、結城氏がここを支配していた長い時代が、絹織物の名品である結城紬《つむぎ》を生み、結城の名を後世に残した。結城紬は農家の副業として織られていたが、「いざり織り」という特殊な手作業の技法で織られていて、生産性は極めて低いけれども、渋みのある高級織物であった。このことが上流階級の子女の間でもてはやされる要因になった。生産性の低さが逆に希少価値となり、値を高めたといってよい。百万石といわれた結城の繁栄は、結城紬がもたらした結果なのである。

　今、結城の町に、百万石の面影を追うことはできないが、町の中に土蔵造りの建物が随所に残っていて、この町がただの田舎町でないことを知ることができる。関東の土蔵造りの町なら、川越が筆頭だが、川越の土蔵造りが、いかつさそのものであるのに比べて、この土蔵造りはやさしく、柔らか味が感じられる。それというのも、結城紬に育まれた感性の技なのであろうか。

　町の中心部に「結城紬会館」という小振りの施設があって、二階で「いざり織り」の実演が見られる。しかし、なんと貧弱な施設であることか。結城紬は既に過去の栄光に成り果てているのであろう。

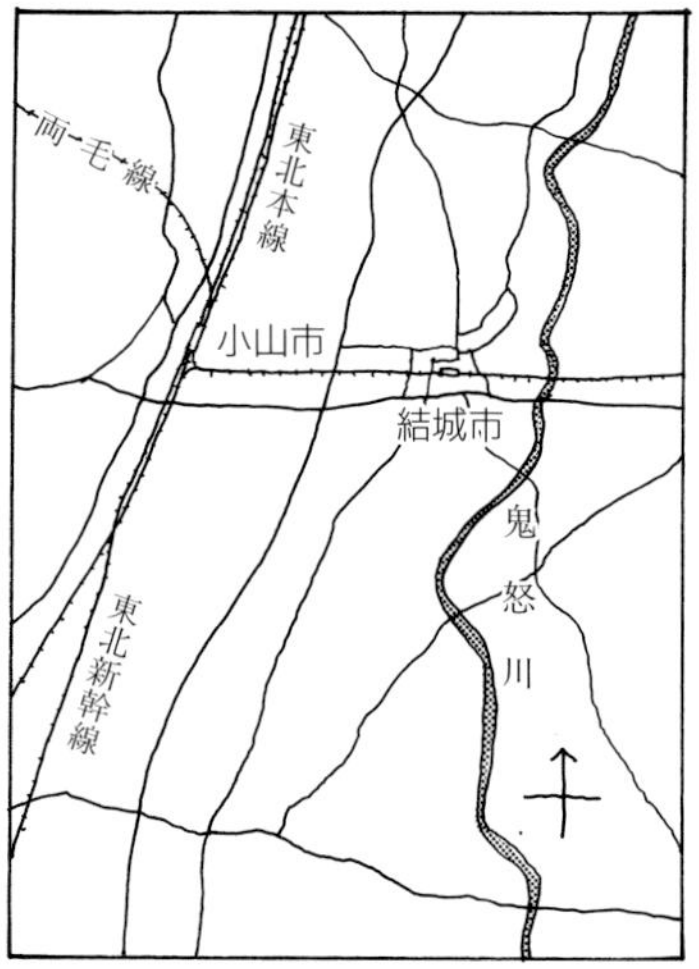

結城

関東

重量感のある関東風土蔵造りの町並み

埼玉県川越市

先の太平洋戦争で、日本の大都市、中都市は軒並みに丸焼けになった。過去の歴史に対して、もし、と言ってみても無意味だが、もし、多くの都市が昔のままに残っていたとしたら、日本の都市の様相は今とはかなり違っていたのではないか。土蔵造りの町並みが随所に見られたと思う。

川越の町の本町筋には、土蔵造りの町屋がずらりと並んでいて壮観だが、このような町並みは、どんな町の中心部にも、大なり小なり存在したのである。土蔵造りの形は、川越は関東風でいかついが、関西では少し穏やか、広島では、松江ではと、風土的な違いはあるけれども、建物の外部の全てを土の厚塗りで塗り回して木部を露出せず、開口部には土塗り戸や鉄扉を使うという、耐火的な造りは共通である。

室町時代の京都の町は板葺《ぶ》きだったという。これでは、どこかで火が出ればたちまち大火になって町が全滅する。そんなことが繰り返された。町は類焼しにくい瓦葺きになり、壁は土塗りするなどして、時代と共に防火性を高めてゆき、明治になって完璧な土蔵造りで耐火性充分な造りをするようになった。町に建物が密集すれば、当然のこととして耐火性が求められるので、どの町も中心部は土蔵造りの町になった。しかし、太平洋戦争時の火力はそれをはるかに上回っていたので、土蔵造りの町もあえなく灰になってしまった。

江戸は武士の町、大坂はあきんどの町、京都はおなごしの町というイメージだから、川越の町の土蔵造りのいかつさを、関東の町だから武士的な町、したがって、いかついのだと思いたくなる。そのいかつさは、取り分け屋根の重厚さにあって、中でも棟に積まれた瓦の量、鬼瓦の巨大さが圧倒的だ。しかし一説によると、関東の瓦は質が悪く、分厚く積み上げないと雨漏りしたのだという。これが本当なら、いかつさ武士論は成立しない。

最も武士的な町であった江戸の町の土蔵造りの姿は、果してどうであったのであろうか。瓦は重量物だから、あまり広域な販路がないと考えれば、川越は独特だったと見てよかろう。

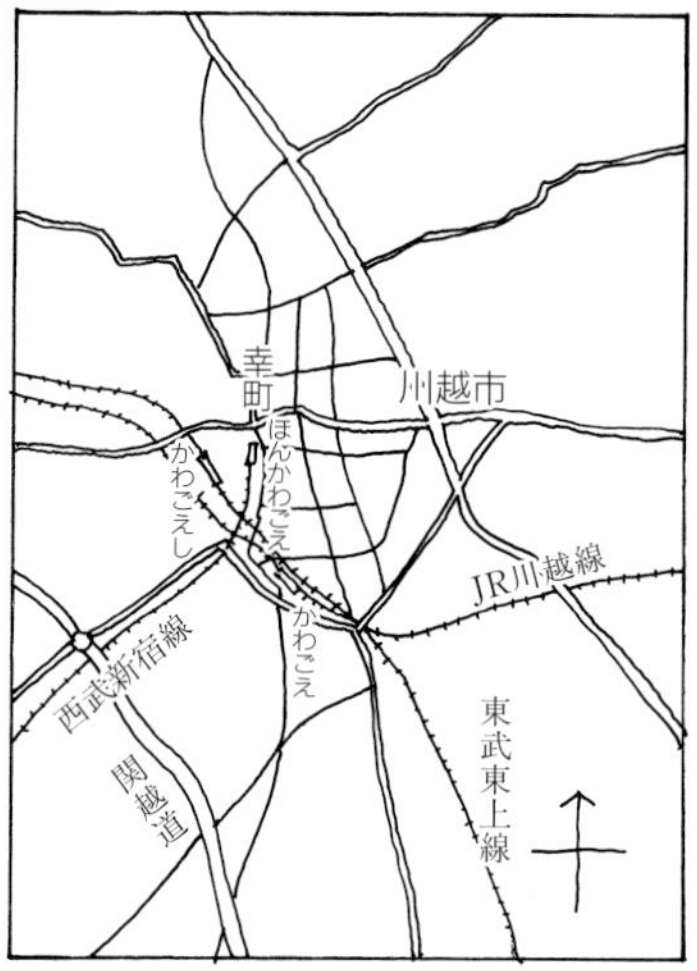

掛軸と額縁

甲信越

新潟県石船郡関川村

大きな屋敷二軒が街道に面して建ち並ぶ

町並みを北から取り上げてきて、ここから甲信越に入るのだが、関川村を甲信越の部類に入れるのは、新潟県だからそうなるのだが、少々ためらわれる。正直なところは、東北に入れたい思いがする。関川村は北越後平野から米沢に越える峠道の、越後側どんづまりのところにあって、多分に東北的要素が強い。

峠道とはいえ、関川村のあたりは、柔らかな山の起伏に樹木が茂り、その間に田畑が、緑の濃淡に彩られたカーペットにも似た広がりを見せる、豊かな農村地帯である。村の中を突き抜けて行く街道の両側にも、町並みをなす部分はほとんどなく、全村これ農村の感がする。

とはいえ、村役場のあるあたりが村の中心なのであろう。村役場は道路からかなり後退しており、そこが広場になっていて、道路の反対側の正面に、重要文化財に指定されている渡辺家が、広い間口を左右に延ばした姿で建っている。正面からの写真を撮るのに、この広場は都合がよい。充分に下がって撮ることができるからだが、渡辺家の間口はそれでもはみ出すほどである。

この家の平面形はT字形で、間口は広いが、道路沿いに伸びている部分は付属屋、母屋は中央から奥へ伸びている。母屋の右側の部分は広い土間、真ん中に生活の主体部分があって、左側に座敷列がある。道路から見ている限りでは、母屋の存在は見えにくいが、軒を連ねた棟の上に、母屋の屋根の端部が少し見えている。

渡辺家の屋根は全て板葺き石置き屋根であるが、ここから道路を西へ、わずかに移動すると、大きな茅葺《かやぶ》き屋根の家が二軒、間隔を置いて建っている。この家をよくよく眺めてみて欲しい。屋根の形は全く違うけれども、建物の平面形が渡辺家と同じことに気付くであろう。渡辺家は公開されているので、中に入ることができるが、この二軒は入ることができないものの、渡辺家によく似た間取りになっているであろうことが分かる。

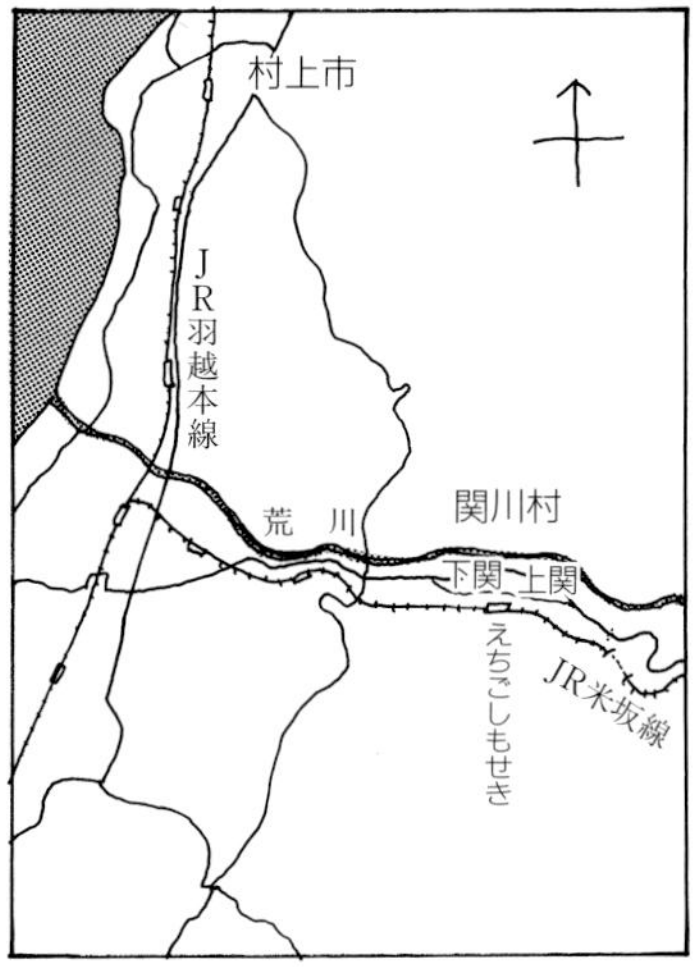

甲信越

この町が今「がんぎ」を最もよく残している

新潟県見附市

地域を大きく区切って呼ぶ、甲信越という地域呼称は、関東、東海など、他の地域呼称に比べて、あまりにも地域内の風土的内容に共通点が少な過ぎると思われる。甲信越は新潟県、山梨県、長野県、富山県、福井県の五県で、確かにそれらは繋がってはいるものの、誰が考えても、無理にひとまとめしたに過ぎないことが分かる。

雪のことを考えてみてもよい。山梨県では雪はほとんど降らない。長野県で降るのは、県北部のみである。他の三県はおしなべて豪雪地帯であるが、福井県や富山県では、山間部を別にすれば、降った雪が根雪になることはまずない。いわゆるベタ雪で水分が多く、降ってもすぐに消えてしまう。そうなると、新潟県以北の日本海側の地帯の雪は違う。この頃はあまり降らなくなったが、ドカッとくると、町の中でも根雪になるほどの豪雪地帯である。

町の道路の両側に連続して屋根を設けたしつらえを、青森、秋田で「こみせ」と呼ぶことは、既に弘前のところでふれているが、新潟ではこれを「がんぎ」と呼ぶ。「がんぎ」は新潟県の専売特許のような存在で、越後平野の町々はもちろん、越後一帯に広く分布しているが、その西端である上越市から西には見られない。これも積雪の質の違いからくる結果なのであろうか。

「がんぎ」で名高かったのは高田市であったが、高田市と直江津市が合併して上越市となり、高田市の名は消えた。しかし、消えたのは名ばかりでなく、その頃から「がんぎ」も急速に消滅していった。上越市で今見られるのは、分断され、朽ち果てんばかりの哀れな姿のみである。

越後平野の町々の「がんぎ」も、やはり急速に消えていった。見附市は、新幹線の長岡と燕《つばめ》三条間の東にある町で、今では「がんぎ」の残存率の最も高い町である。この町の隣にある栃尾市にも「がんぎ」はまだあるが、これらの町でも、何時消えてゆくか、それは時間の問題であろう。

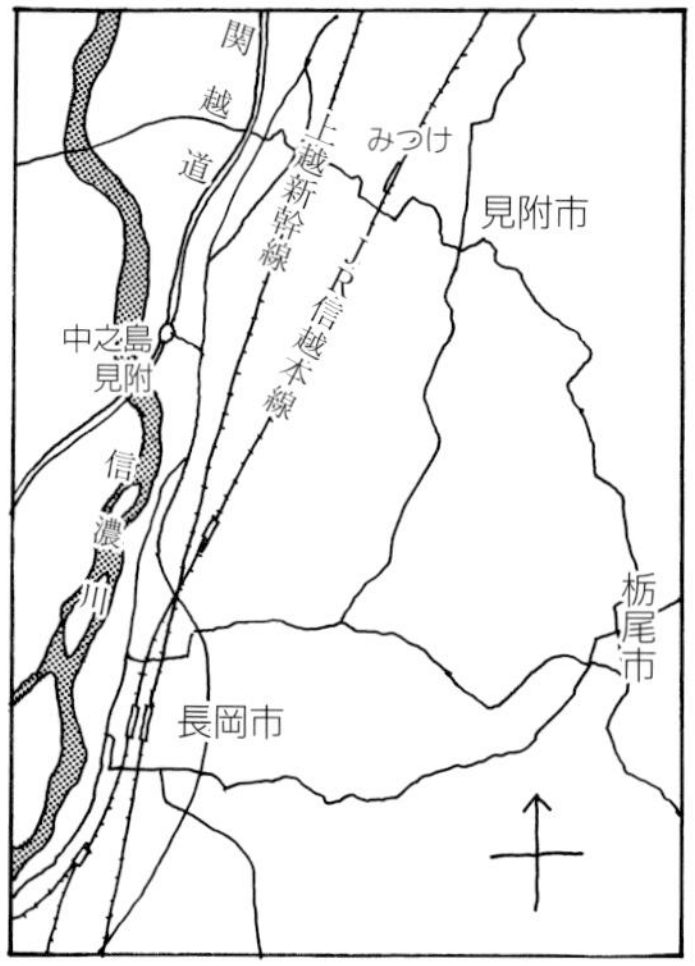

見附

甲信越

コシヒカリで知られた良田を円く取り囲む村

新潟県刈羽郡高柳町《たかやなぎまち》

小千谷《おぢや》市は越後平野が山襞《やまひだ》の中に消えてゆくところにあるが、その西方、約一五キロのあたり、山襞の中に高柳町がある。車を走らせると、幹線道路から山道に入り、方角が分からなくなるほど曲りに曲がり、やがて上り坂になって小さな盆地に出る。ここが町と呼ぶのは不適切なほどの農村、高柳である。

越後平野での産米「コシヒカリ」は旨《うま》い米としてあまりにも有名だが、おなじ「コシヒカリ」でも、山地に入ったところの村で採れる「コシヒカリ」は特上品といわれる。高柳の産米は、この特上品なのである。

面白いのは、まずこの村の形だ。盆地の中央部が全て水田で、それを道路が大きく巡り、一周している。農家はその道路沿いに、間隔を置いて点々と散在している。村の小学校の駆けっこは、この村一周の道路で行われるという。何やら、童話に出てくる村を想わせる、一種独特の完結性を持った村の性格が感じられる。

村の家々はもちろん茅葺《かやぶ》き屋根で、平面形はL字形。中門造《ちゅうもんづく》りと呼ばれる民家形式の家である。この民家形式は、越後から秋田にかけての日本海側に分布しているが、似たような形ながら、東北の太平洋側に分布する民家形式は曲《ま》がり家《や》と呼ばれている。

平野部で見られる中門造りには、巨大な家があるけれども、高柳のそれは規模が非常に小さい。しかしこのあたりは、平野部よりも積雪が多量だから、冬、雪に埋もれてしまわないため、家の立ちが高くなる。小さい家で背が高いとくれば、お世辞にも、プロポーションのよい家とはいえないのだが、これも風土的な造型といわなくてはならないであろう。

しかし、プロポーションはよくないのかもしれないが、可愛さは充分にある。童話に出てくる村のような、という感想の中には、家々の可愛さもその要素としてあることに思い当った。可愛い家々の中から、十人の小人が唄を歌いながら飛び出してきても、不思議でないような、気分のする村である。

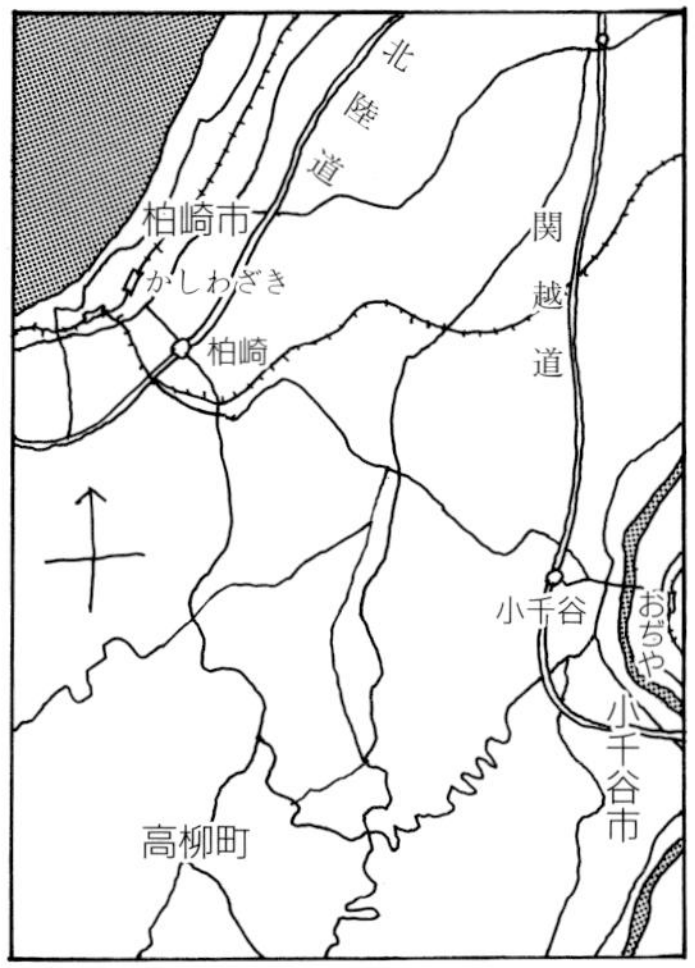

高柳

甲信越

海からの強風に身構える町の姿

新潟県三島郡出雲崎町《いずもざきまち》

出雲崎は、崖下の海沿いに細長く延びる一筋道の町である。もっとも、今では一筋道ではなく、海岸を埋め立ててバイパスを通したので、二筋道になっている。その有様は、崖の上にある良寛堂のあたりから見下ろしたらよい。

まず眼前に茫々《ぼうぼう》と広がる日本海の眺めが素晴らしい。首を左右に回して眺めていると、やっぱり地球は円いんだな、という感慨が湧き起こってくる。埋め立ててできた海岸道路の向こうの海面は、突堤で囲まれた港になっている。しかし、今の漁港の主力部分は、遥か左手の町はずれに移っているという。そのあたりに霞んで見える突堤が現在の漁港であろう。しかし、かつての出雲崎は単なる漁港ではなく、佐渡島とを海路で結ぶ港でもあった。佐渡で採れる金を、江戸に運ぶ重要地点でもあったのである。ちなみに言えば、佐渡は金を産出したため、幕府の直轄地であった。

町の様相も、上から眺めて見るのが興味深い。道路に対して各戸の用地が、間口が狭く奥に長い短冊形なのは、町割りの通例だが、どの家も道路に妻側を向けた細長い形なのが特徴的だ。海から吹いてくる強風、特に冬の季節風の激しさから、身を守る家の形ということができる。

山を下りて町を歩いてみる。どの家も軒《のき》が短く、アルミサッシに鉄板のサイディングという、今様の味気ない表情をしている。がっかりするが、これも致し方のないことであろう。かつては木の建具で板張りの家だったのであろうが、激しい風雪に耐えるには、今のところ、こうなるしか手がない。つまらない家になっていても、性能的には昔に勝る家になっているのだ。

出雲崎と聞いた時、人によっては、良寛が晩年ここに住み、この地で生を終えたことを想起するであろう。ここに住んでいた時の良寛は、七十歳から亡くなるまでの三年間、良寛を慕ってきた、四一歳も年若い貞心尼《ていしんに》と愛の巣を営んだと伝えられている。まことにうらやましい話ではないか。

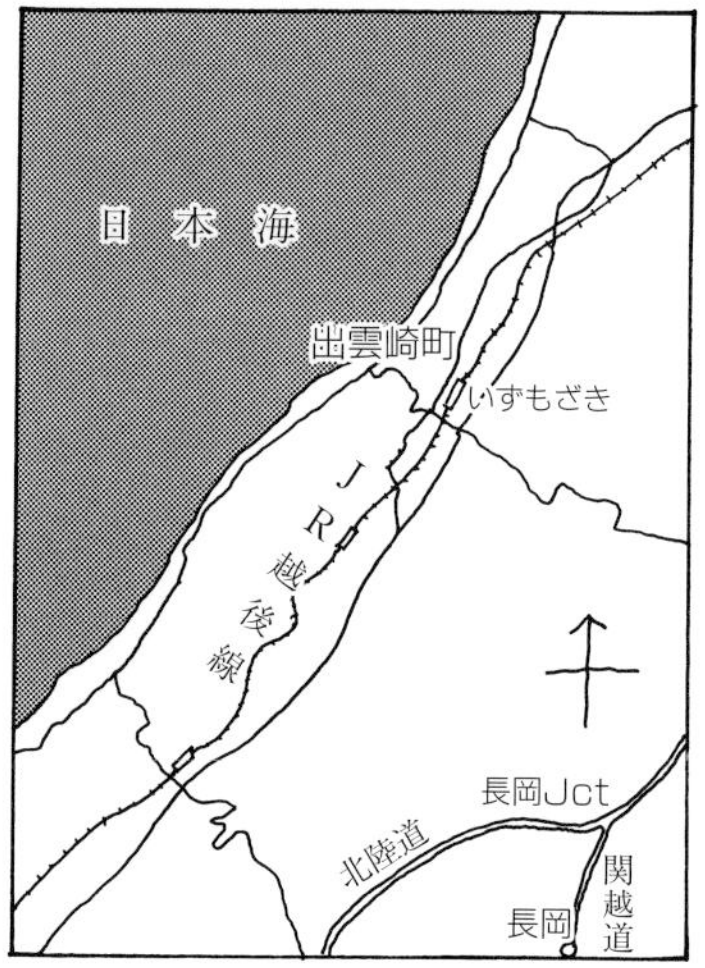

出雲崎

甲信越

長野県須坂《すざか》市

製糸業が町を土蔵造りの町にした

須坂市は長野市の近郊、信濃川を東に越えたところにある。長野市の近郊には、真田氏の本拠であった松代《まつしろ》と、北斎館や栗のお菓子と、新しい町づくりで観光客を集めている小《お》布施《ぶせ》があるので、須坂は少々霞んで見えにくい状態だが、町としての貫禄は他を圧していると言ってよい。

この町が、江戸時代の小さな陣屋町から、大きく発展するのは明治になってのことである。その契機は、製糸工場が数多く操業し始めたことによる。製糸が、蚕《かいこ》の繭《まゆ》をほぐして生糸《きいと》にする工業であることはいうまでもないが、欧米諸国に追い付こうとして走り始めた日本にとって、外貨を稼げる唯一の産業が製糸であった。製糸業の振興は国の重要施策であったのである。

製糸工場が林立したこの町には、最盛期には六二〇〇人にも上る女工が働いていたという。このことは当然、金の集まる町になったことを意味する。須坂の町には土蔵造りの町屋が続々と建てられていった。しかし、製糸業の終末は、昭和初期の大恐慌によってもたらされた。それ以後この町は、土蔵造りの家を点々と残しながら、通常の田舎町となって推移してきた。

今、この町では、地道な町づくりが進行している。町づくり運動が始まってから、すでに一五年経つ。住民運動の営々たる努力といってよい。商店街の土蔵造りに被《かぶ》せられていた洋館風の装いは徐々に剝《は》ぎ取られて、町は昔の姿を取り戻してきた。地場の産物を名産化する、地域産業の振興も鋭意努力されている。しかし、町づくりの努力はまだまだ続けなければならない。

この町で見るべき豪邸がある。この家は以前、市長を務めたこともある名家で、今は「豪商の館・田中本家博物館」として公開されている。大変な豪邸で、ひと町ほどもある屋敷構えの中に、さまざまな建物が、見事な庭園を配しながら、散在して建つ。収蔵品も見応えがある。生糸を商った豪商の金力に驚嘆する。

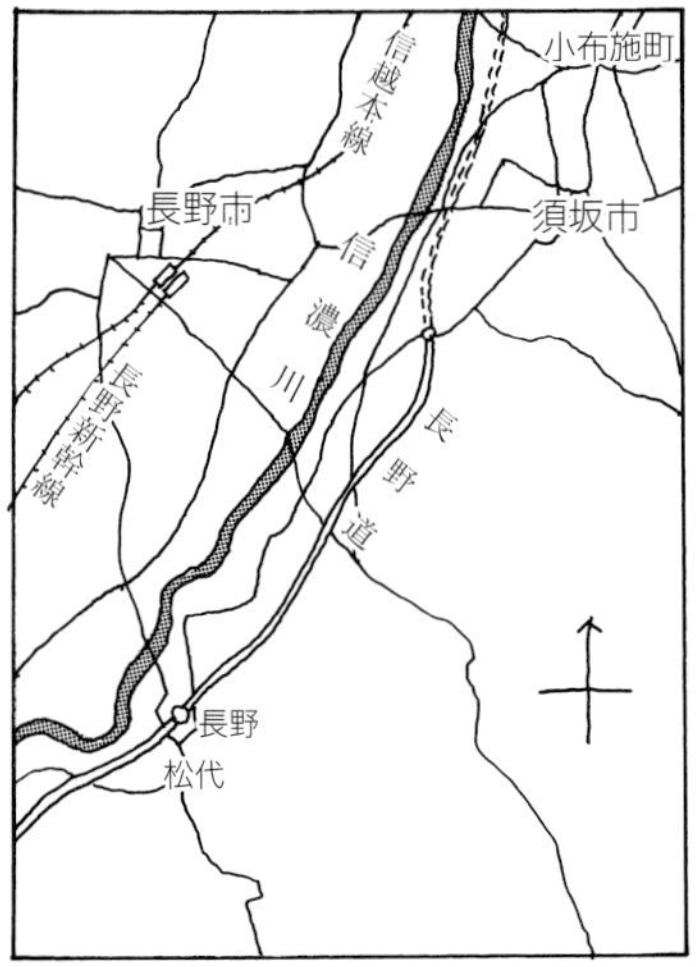

遠藤酒造場
須坂

甲信越

衰退した宿場を蚕の種紙で再生させた町

長野県小県郡東部町本海野《もとうんの》

中山道の追分《おいわけ》から分岐して西へ、小諸《こもろ》を過ぎれば後は、千曲川の流れに沿ってゆく。北陸の出雲崎に至る北国《ほっこく》街道と呼ばれた道がこれである。現在の国道一八号線は、ほぼこの古街道の山側に平行して走り、時折一致したり離れたりする。古街道は細いが、車で行くことも可能だ。

JRの田中駅の前で古街道は直角に右折、しばらくはうねりつつゆくが、やがて大木の茂る神社を右にして大きく回り込む。すると道路は突然広くなり、真っ直ぐ先へ延びている。道路の中央に水路があり、清流が音を立てて流れている。ここが本海野宿と呼ばれた北国街道の宿場町である。

道筋の両側には、平入《ひらい》りの町並みが軒《のき》を接して続く。豪壮な卯建《うだつ》を立てた家もある。まだ観光客はあまり来ていないし、商店もないので、町は静かに押し黙っている。町並み愛好家なら、来てよかったと誰でも思うであろう。

町の名に本の字がつくのは、ここから少し西にある上田に城下町を造った時、この町から大勢の人が引き抜かれてゆき、海野町を造ったからで、前に住んでいた海野に本の字をかぶせたのである。商店もなく、ひとけのない町で、どうやって暮らしているのかといえば、ここに住む働き手は、ほとんど上田に通勤していて、ここは住宅地だからである。

しかし、宿場時代の本海野は、もっと貧相な町ではなかったか。明治になって、信越線の開通で止めを刺された宿場町が、今見るような見事な町並みになったのは、旅籠《はたご》の福島屋の当主であった矢島行康が、蚕《かいこ》の種紙《たねがみ》を生産して、その品質の良さが近隣の農家に知れ渡り、宿場全体が種紙で潤ったからである。この時、宿場の多くの建物が建て変わったと推定できる。この人の建てた四棟の蚕室《さんしつ》の一つが、矢島記念館として残されている。蚕室といっても堂々たる大建築で、間口は一一間もある。

旅籠の福島屋時代のことであろう。京都に上る高山彦九郎がこの旅籠に投宿したという記録がある。

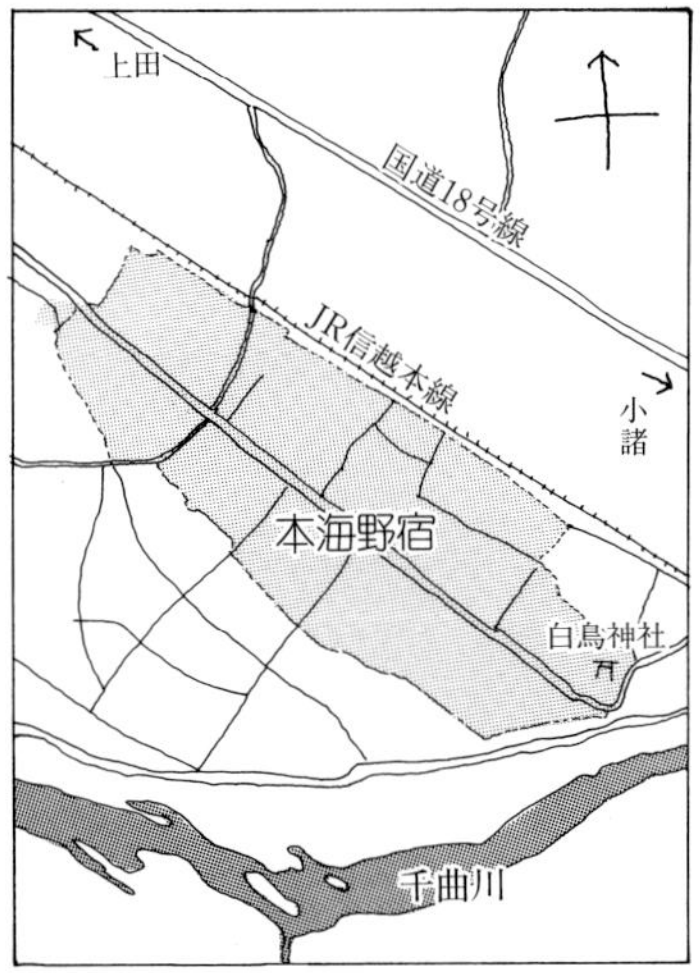

本海野

のどかな高原を行く中山道の間の宿

長野県北佐久郡望月町《もちづきまち》

ここまで書き進んできて、ようやく天下の五街道の宿場町が登場してきた。天下の五街道というのは、先ず東海道五三次、次いで中山道六九次、それから日光道中の二一次、さらには日光道中から分岐する奥州道中の一〇次、最後が甲州道中の四五次である。これらの幹線街道では、宿場の設置、街道樹の植栽、道路面の整備、駅伝の設置など、幕府はそれらの整備に力を尽くしてきた。

次というのは正規の宿場のことで、宿場間が遠かったり、物騒だったりした場合は、その間に繋ぎの宿場を造り、これを間《あい》の宿《しゅく》と呼んだ。ここで取り上げた茂田井《もたい》宿は、中山道二五次の望月宿と、二六次の芦田宿の中間にある間の宿である。

東海道の道はおおむね平坦で、山越えするのは箱根と鈴鹿だけだが、中山道は信州を通過するため、険阻《けんそ》な山岳地帯を何日もかけて歩かねばならない。しかし子細に眺めてみると、信州の中を行く道も、軽井沢から下諏訪にかけての道は、爽やかな高原の風を楽しんで歩く、絶好のハイキング路のように思われてくる。

茂田井宿は、そんな高原状の道にあるが、かつてはここが間の宿であったことを知らなければ、宿場だったとは誰も気が付かないほど、宿場らしいものは何一つ残っていない。記録によれば、旅籠《はたご》屋九と記されているが、旅籠屋らしい家も見当たらぬ。

しかし、歴史性を感じさせる町として見れば、ここは完璧に絵になる町である。芦田の方から細い道を下ってくると、左手に大きな屋敷構えの造り酒屋が二軒、隣りあって並び、この二軒だけで、充分に見応えのある町並みを成している。絵になる要素は、道路が緩《ゆる》く湾曲して下っているからで、建物の構成に平面的、立体的な変化が大きくプラスされているからだと思う。

こんなところに造り酒屋が二軒も、と訝《いぶか》る向きには、酒造りにとって大切なのは水質であり、山から出たばかりの硬水では駄目、下流の軟水でも駄目、よいのは硬水、軟水の変わり目の水であることを付記しておく。

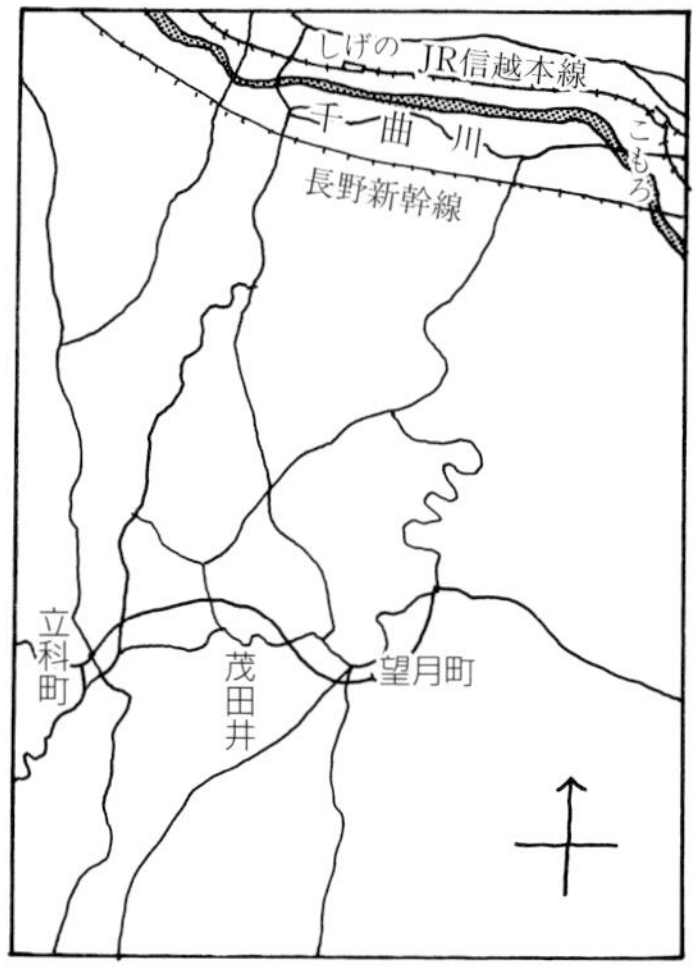

茂田井

甲信越

集団離村した廃村を再生利用する運動

長野県飯田市大平《おおだいら》

ここ大平宿は、飯田市内とはいえ、市街地から二〇キロの山中にある、二〇数戸の孤村である。飯田市からここに通じる道は、この村の前後で二つの峠を越え、下って中山道の妻籠《つまご》宿に至る。つまり、伊那谷《いなだに》と木曽谷を山越えで結ぶ脇街道で、健脚なら一日で越えられるが、道中の安全のため、茶屋宿として設けられたのがこの宿であった。

江戸時代にはさしたる交通量もなかったであろう。この宿が賑《にぎ》わったのは、中央線が木曽谷に開通して、伊那谷からこの鉄道を利用しようとすれば、この街道で山越えする以外になく、人と物の流れがこの街道に集中した時であった。しかしその賑わいも束《つか》の間《ま》、伊那谷に鉄道が開通すると街道の必要性がなくなり、通常の平和な山村となって、この戦後まで推移してきた。

戦後、しばらくの間は燃料不足のため、木炭が飛ぶように売れたが、燃料が石油へと転換して木炭は売れなくなり、人口の都市集中化で、この村もお定まりの過疎化に立ち至る。そして最後は、住民の集団離村で村が放棄された。昭和四五年のことである。

放棄された直後、ここを別荘地として開発する動きがあり、これに反対する市民運動が飯田市民の間で始まった。開発が石油ショックで頓挫《とんざ》したのは幸いであったが、市民運動はそのまま継続し、ここを、生活の原体験の場として一般に開放し、利用してもらうボランティア運動へと展開した。

集団離村以後、ボランティア運動も既に三〇年を越えた。いっときのこととはいえ、豊かな自然の中の古民家で、囲炉裏《いろり》を焚《た》き、谷川の水を汲んで暮らすのは、今では得難い体験であろう。夏になると、人が住んでいた頃よりも、はるかに大勢の人がこの村での生活を楽しんでいる。都会では見ることができなくなった満天の星が、ここでは、晴れていさえすれば、毎晩見られる。

しかしこの運動がさらに永続してゆくためには、何らかの手立てが必要ではないか。今、そのことが模索されつつある。

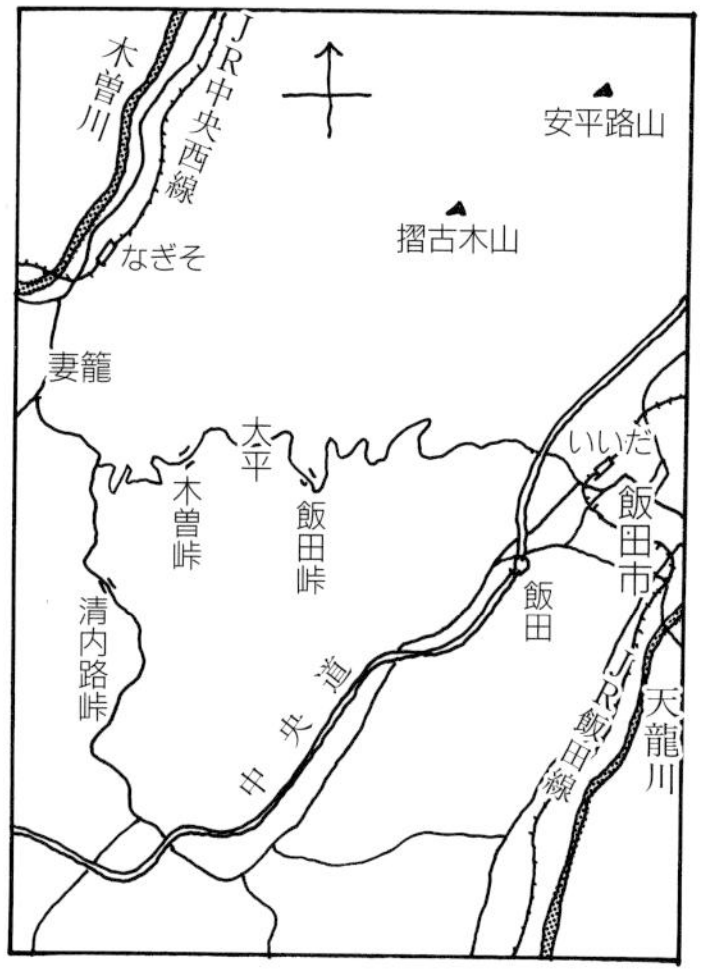

大平宿

甲信越

道幅が広くてこれほど長い宿場町は他にない

長野県木曽郡楢川《ならかわ》村奈良井《ならい》

中山道の中でも、最も険阻《けんそ》な道は木曽谷を通過する部分、古来、この部分だけを特別視して、木曽一一宿と呼ばれてきた。この間は約八〇キロある。

塩尻から街道を南下してくると、本山《もとやま》宿を過ぎたところに、「是より南木曽路」と刻まれた石碑が立っている。心の準備を怠るな、という警告なのであろう。道は多少上り坂になって、木曽一一宿の始まりである贄川《にえかわ》宿に着くが、それからも大したことなく奈良井宿に至る。さて、これからが本格的な山道になる。奈良井宿の街道筋の正面に、大きな山が立ち塞がっている。これから越えてゆく鳥井峠だ。鳥井峠は日本海側と太平洋側を分ける、日本の分水嶺《ぶんすいれい》をなす峠で、今はトンネルで難なく通過するが、江戸からくれば、まず最初に遭遇する難所であった。

したがって、峠の直下にある奈良井宿は、峠越えの準備をしたり、休んで体力を回復させたりする人で賑《にぎ》わい、中山道で一番の長大な宿場町となった。町の道幅が広く、それも多少広くなったり、狭まったりしているので、街道筋の景観に変化のあるのがよい。町並みをなす建物は、二階が少し迫り出して格子《こうし》を連ねている。屋根勾配《こうばい》が緩《ゆる》いのは、今は鉄板葺《ぶ》きになっているが、元が板葺きであったことを物語る。木曽は木材の産地でもある。

二階が迫り出していて、二階の軒《のき》も相当に長いので、雨が降っても開け放しておかなければならない旅籠《はたご》の庇《ひさし》下空間は充分と思われるのに、さらに一階に板庇が取り付けられているのは、まことに入念なことだと思うが、この庇の造りが実に特徴的だ。これは奈良井にだけ見られるもので、板を鎧《よろい》状に重ね張りしたパネルを、鉄鎖《てつぐさり》などで吊り下げている。板を打ち付けた桟が段状に刻まれていて、それが猿が頭を並べている姿に似ているため、猿頭《さるがしら》と呼ばれている。連想としてはすこぶるユニークな命名だとは思うが、猿の頭に見立てるのはあまりにも突飛なようにも思われる。

しかし、ここが山深い木曽谷だと思えば、猿が飛び出してきても、不自然でないような気もする。

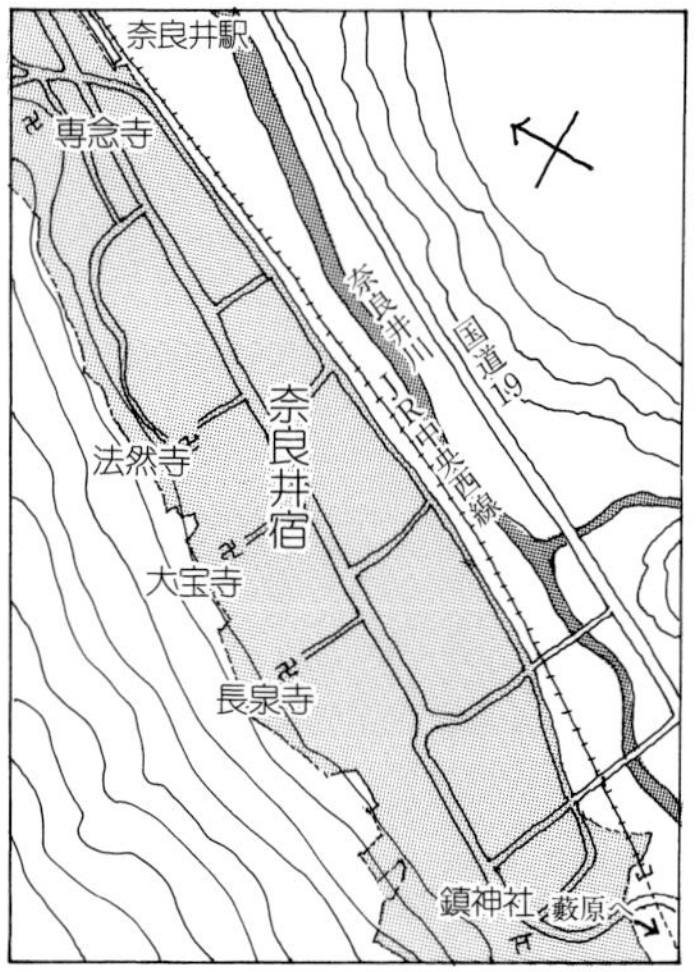

奈良井

甲信越

町並み保存に先駆けた妻籠宿

長野県木曽郡南木曽町妻籠《なぎそまちつまご》

妻籠宿は「木曽一一宿」の一〇番目の宿場町だから、ここから一つ峠を越えて馬籠《まごめ》宿で「木曽一一宿」は終わる。馬籠を抜けたところに「是より北木曽路」の石碑が立っている。

昭和四〇年頃の妻籠は、朽ち果てそうになった空き家に野良犬が住みつき、住む人もまばらなゴーストタウンであった。人は争って大都市に移り住み、折からの高度経済成長に浮かれていた。その反面の現象として、どこの田舎町も過疎化で崩壊しつつあった。妻籠もその例にもれず、町が放棄される寸前の状態にまで立ち至っていた。

自分達の財産は、もうこのあばらや群しかないのだ。これを美しく蘇らせて人を呼び、町を再生しよう、という住民運動が妻籠で起こり、行政がバックアップして、その保存計画を国の「明治百年記念事業」の一つに加えさせてしまった。調査に始まり、修景工事が終わるまで約五年、昭和四五年には妻籠は再生した。前記の大平での集団離村が同じ年であることを思えば、妻籠の再生事業は極めて先駆的であったと言える。妻籠での成功例を見て、全国各地で町並み保存運動が活発化し始めたのである。

妻籠宿で見るものといえば、先ず「明治百年記念事業」の目玉でもあった脇本陣《わきほんじん》であろう。この建物は林家の屋敷、本陣とか脇本陣というのは、その宿で第一の屋敷を指定して、大名などが宿泊する部分を区画させたものである。そのために特別に建てた建築物ではない。この脇本陣は「奥谷郷土館」として公開されている。

次いで見るものは、江戸時代の様相に復元された旅籠屋《はたごや》二軒である。片方は土間といろりのある板の間と畳敷の八畳、もう片方は土間が中央にあって、右がいろりと炉のある板の間、左が六畳二間、どちらにも押入れなどのしつらえはない。まことに貧閑とした家というよりないが、旅籠では泊まり客は自炊するのが原則であった。寝る時も、着のみ着のままであった。現在の旅館とは全く違うと思ったらよい。昔の旅は決して楽ではなかったのだ。

ちなみに木賃宿というのは、泊まり客が焚《た》く薪《たきぎ》代を頂く宿という意味である。

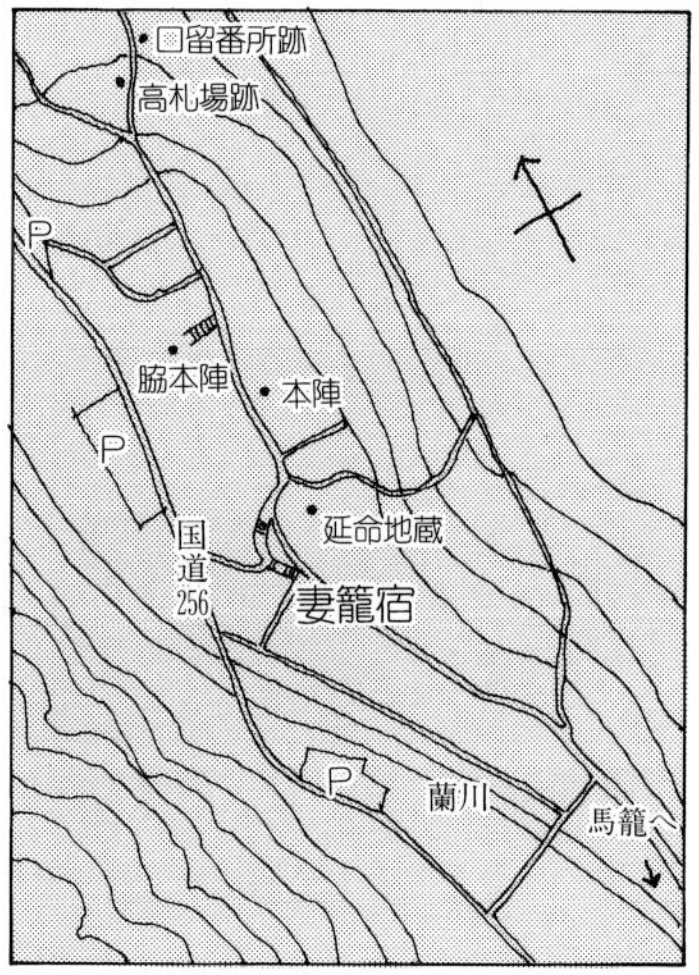

妻籠

甲信越

島崎藤村ゆかりの宿場町馬籠

長野県木曽郡山口村馬籠《まごめ》

妻籠《つまご》宿から、馬籠峠を越えて下ると馬籠宿に着く。同じ籠の字があるので、混同している人もいるが、江戸時代の文書には、津孫、馬込と書き分けている。

妻籠、馬籠間には間《あい》の宿《しゅく》が二つある。妻籠に近い方は、妻籠から歩いて一〇分ほどの脇道にあるので、間の宿というよりは、離れ宿といった方が当たっている。大妻籠宿という。ここにある旅籠《はたご》は数軒に過ぎないが、どれも卯建壁《うだつかべ》を大きく突き出していて、なかなかに見応えがある。もう一つの間の宿は、馬籠峠から馬籠に向かって、ほとんど数十歩程度のところにある峠宿である。ここは脇道ではなく、街道の両側に数戸の家が建ち並んでいる。

記録によれば、妻籠は旅籠三一、馬籠は一八だから、馬籠は小規模の宿場だったのだが、ここが島崎藤村の生地で、小説『夜明け前』に馬籠の記述が多いことから、よく人が集まる観光地となり、飲食店の多さが目立つ、商店街風宿場町へと変身したように見える。慌《あわ》ただしい立ち寄り型の観光客が多いのか、串刺ししたおでんなどを食べながら歩いている人が多い。若い女の子達は、騒ぎ立てながら群れ歩き、記念写真ばかり撮りあっているが、多分人間ばかりの写真で、そこが馬籠であるのかどうか、分からない写真ではないのか。旅の思い出として残るのは、馬籠と刻印された安物のキーホルダーのみ、というのではあまりにも情けない。少々悪態をつき過ぎたが、これが観光化の悪しき一面であることは確かだ。

藤村の生地の跡には、「藤村記念館」が建てられている。黒塗りの冠木《かぶき》門を潜って内庭に入ると、記念堂、隠居所、三棟の文庫倉が散在して建ち、外の喧騒とは別した静かな雰囲気にひたることができる。

「藤村記念館」のすぐ北隣にあるのが「大黒屋」ここが藤村の初恋の人の家である。藤村は「めぐり逢う君やいくたび、あぢきなき夜を日にかへす、吾命暗の谷間も、君あれば恋のあけぼの」と記述している。

しかし、今見る建物はもちろん当時のものではない。

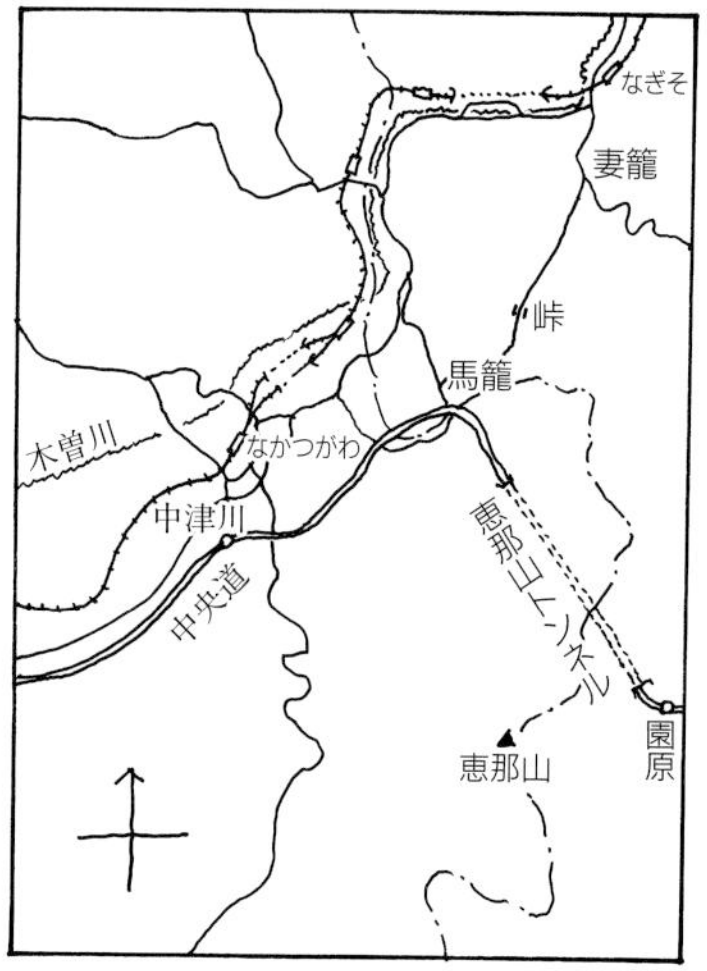

馬籠

東海

愛知県名古屋市有松《ありまつ》

東海道随一とうたわれた間の宿有松

ようやくここで、天下の東海道の宿場町が登場する。しかし正規の宿場町ではなく、間《あい》の宿《しゅく》である。ここ有松《ありまつ》宿は、東海道五三次の知立《ちりゅう》、鳴海間に、後から設けられた間の宿であった。知立、鳴海間はわずかに一二キロしかなく、間の宿が必要だったとは思われないが、この間には人家がなく、追剥《おいは》ぎの事故などが多発したためではなかろうか。しかし、ここに止まる人は当然少なく、宿場町として成り立ってゆくことは、すこぶる困難であった。

このことが「有松絞《しぼ》り」を誕生させた。この宿に住む竹田庄九郎という人である。江戸時代初期は、各地で綿作が爆発的に普及した時代であった。米をつくれば年貢米を納めなければならないが、綿作なら課税対象にならないこともあって、田圃《たんぼ》が綿畑に急速に変身していた。綿作がこれほどに盛んになったのは、それまでは「天竺物《てんじくもの》」として、木綿はインドからの輸入で、当然高値であり、一般庶民は木綿の着物を着ることができなかったが、綿の国産化で値が下がり、木綿の需要が爆発的に高まったからである。

有松周辺の農家もその例にもれず、綿作が盛んであった。竹田庄九郎はここに眼を付け、木綿の普及と同時に盛んになっていた、藍染《あいぞ》めの技術を、単に木綿を染めるだけでなく、高級化した模様染めにすることを思い付いたのである。木綿を糸で縛って染めれば、さまざまな模様を染め出すことができる。これをこの宿場の目玉商品にしよう、というのが狙いであった。

狙いはまさに図に当たった。「有松絞り」は、東海道随一の土産物として、売りに売れた。「絞り」の手作業は女達が担当した。「絞り」の新しいデザインを考案する人も出てくる。絞り問屋には金銀が舞い込む。有松に見る豪華な町屋の町並みは、この時造られたのである。

その中でも飛び抜けて豪華なのは、絞り問屋の井桁屋《いげたや》、服部家だ。母屋は黒漆喰《しっくい》、幾つもある土蔵は白漆喰と塗り分け、母屋の両妻を区切る卯建《うだつ》も入念な細工がしてある。このあたりの町屋は、既に京都風といってよい。

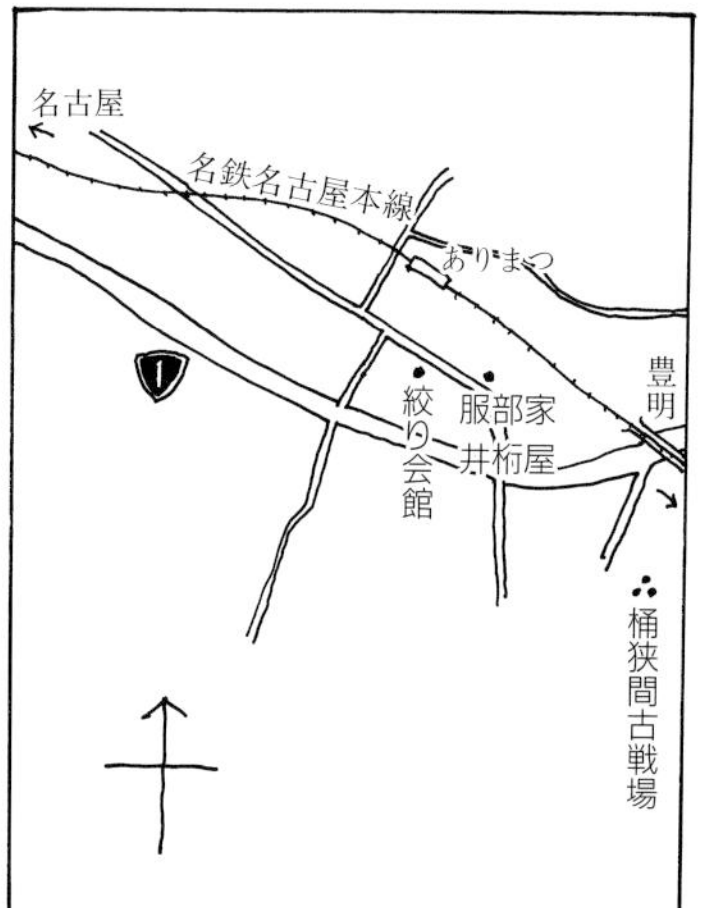

有松

東海

塩の道をつくった塩問屋の町並み

愛知県東加茂郡足助町《あすけちょう》

信州には海がないので塩が採れない。三河は浜が広くあって塩の産地であった。信州の伊那谷を南下し、幾つもの峠を越えて三河に入る街道を、信州では三州街道、三河からは信州街道と呼んだが、この道は三河産の塩を信州に運び込む道なので、別名「塩の道」とも呼ばれた。

足助の町は、三河平野の最奥部にあって、この街道の三河側の起点でもあった。知多湾に注ぐ矢作《やはぎ》川を舟で遡行《そこう》すると、足助の町に至るが、ここから上流は谷川となって舟は使えない。塩を運んできた舟は足助に荷を揚げる。このため、足助には塩問屋が一四軒も軒を連ねていた。

足助に荷揚げされた「三河塩」は、ここの問屋の手に渡ると「足助塩」とブランド名を変える。ここから信州へは、馬の背に乗せて運ばねばならない。伊那谷で使われた言葉に「中馬《ちゅうま》」というのがある。これは荷付け馬のことで、中馬稼業は馬一頭を頼りに、荷運びを請け負う仕事であった。塩の道には、塩を運ぶ中馬が頻繁《ひんぱん》に往来したのである。

「中馬道」という言葉もあった。これは中馬が行き交う道のことで、塩の道の幹線道路から、さらに分かれて、山襞《やまひだ》の中にある集落に向けて、網の目のように細分化してゆく道の総称であった。塩の道の幹線道路は伊那谷を北上して塩尻に至る。ここが塩運搬の終結点という意味なのであろう。

天然の塩は水分を多量に含んでいるので、すこぶる重い。幾つもの峠を越えてゆくこの街道で、ずっしりくる荷を背負わされた馬は難儀をしたのであろう。街道をゆくと、道端に馬頭観世音の石碑が所々に立っている。これは馬の墓なのではなかろうか。

足助には香嵐渓と呼ぶ、紅葉の美しい渓谷があって、そのあたりに「足助屋敷」と銘打った民家園がある。建物はほとんど新築だが、造りが本格的なので、充分に見応えする施設である。ここでは民家での昔の生活を中心にした展示とか、催し物などが見られる。

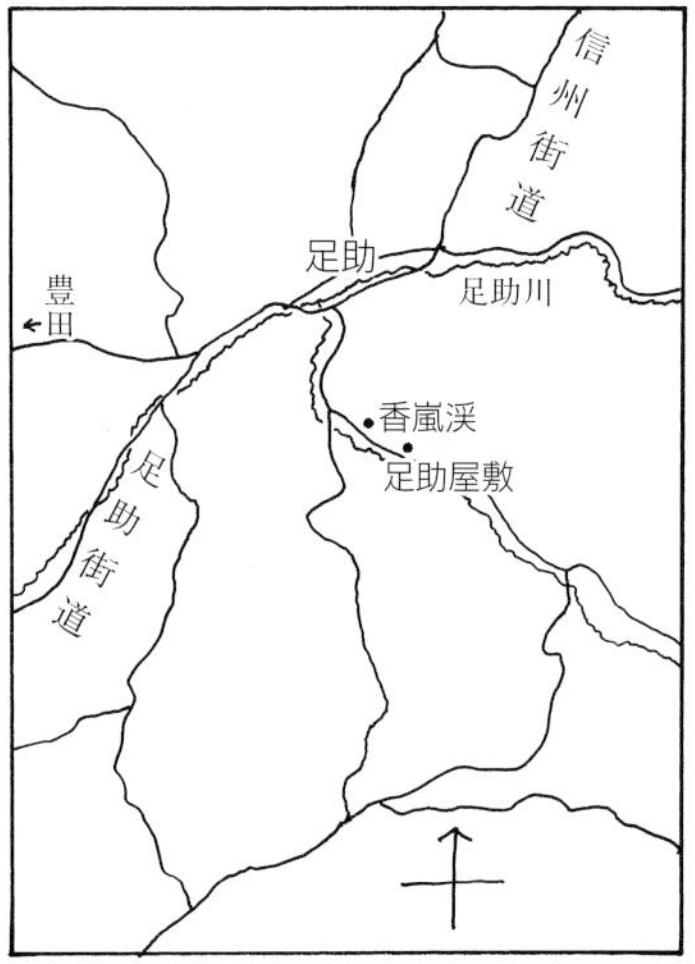

足助
マンリン小路

東海

東海道で最大の宿場町であった関宿

三重県鈴鹿郡関町《せきちょう》

前に、中山道で最も長大な宿場町は奈良井と書いたが、東海道の関宿は、さすがに天下一の街道で最大の宿場だけのことはある。奈良井を遠く引き離すだけの長さ、約二キロの一筋道である。東海道で最大ということは、多分、日本一と決めてかかっても間違いないであろう。

昔の東海道が今のJR東海道線、東海道新幹線のルートと大きく異なる部分は、昔の東海道は名古屋には寄らず、その手前の熱田から、舟で桑名に行き、そこから四日市、亀山を経て関に着き、鈴鹿峠を越えて近江路に至る間である。関宿が大宿場町になったのは、奈良井が鳥居峠を前にした宿場であったのと同様に、ここが鈴鹿峠を越える手前の宿場だからなのであろう。しかし、奈良井と大きく異なる点もある。それは奈良井の道幅は充分に広いが、関の道幅はその半分にも満たない狭さであることだ。

関の道幅の狭さは、昔から悩みの種だったのではあるまいか。「関の山」という言葉があって、これは「もうこれ以上は駄目」という意味だが、山とは山車《だし》のことである。関の祭りでも山車が出るけれども、山車が道路を塞《ふさ》ぐと、もう人さえ通行困難という意味が込められているのだという。

鈴鹿峠は高いとはいえ、平坦な東海道の中での感覚でしかない。標高はわずかに七〇〇メートルにも満たない。峠越えの支度といっても、さしたることはないはずだが、ここが大宿場になったのは、ここから東南に向かう伊勢街道と、西南に向かう大和街道の分岐点になっているのが、主たる要因であろう。宿場の亀山側の入り口に、大きな石の鳥居が立っていて、神社はどこにあるのかな、と思って見渡して見ても、どこにも見当たらない。それもそのはず、この鳥居は、ここからまだ五〇キロも先にある、伊勢神宮の一の鳥居なのである。昔の地理に詳しい人なら、これは伊勢街道のサインだと思うであろうし、伊勢神宮崇拝者だったら、伊勢神宮の格式の高さに思い至るであろう。これは意外に、存在感のある鳥居であった。

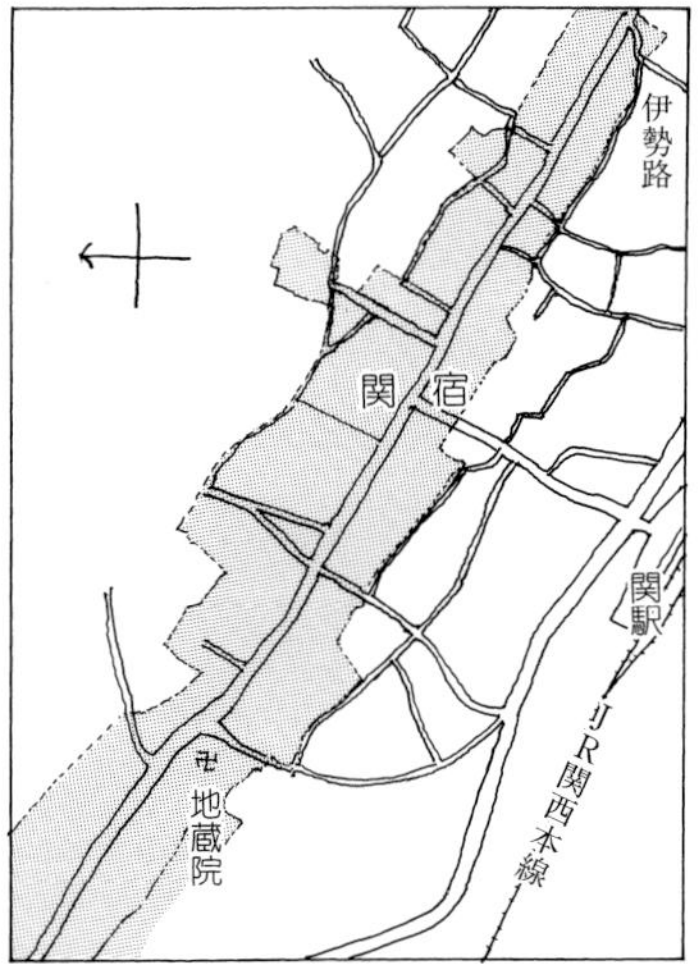

関宿

卯建の町並みで国選定の町並み保存地区になる

美濃市は岐阜市から、鵜飼《うかい》で名高い長良川を二〇キロほどの上流にある町だ。岐阜市から美濃市までは、単線に一輌きりの可愛らしい電車が、刃物の町として知られた関市を経由して、コトコトと健気《けなげ》に走っている。

美濃市は和紙のブランド名「美濃紙」の産地である。岐阜県は北部が飛騨、南部が美濃だから「美濃紙」は、岐阜県南部の特産品と思っている人が多いけれども、「美濃紙」が生産されているのは、美濃市のみなのである。和紙は楮《こうぞ》、三椏《みつまた》など、蔓性の植物繊維を水で溶き、細かい網を張った枠の中に流して、水中で薄く平滑に梳《す》き、乾燥させて造るため、水量のある清流が必要だ。美濃市を流れる長良川で紙梳きをしているのかといえば違う。ここで長良川と合流する板取川流域が生産地で、美濃市にあるのは和紙商の店舗である。

町の中心部にくると、そこまでは何の変哲もない田舎町の風情だったのと一変して、平《ひら》入《い》りで、一階と二階の軒《のき》を水平に連ねた町に出る。二階の丈が低いのは、つし二階と言って、二階の道路側を屋根裏納戸《なんど》程度の低さに押さえた、古い時代の町屋だからである。しかし、この町の特異なところは、卯建《うだつ》にある。隣家との区画の屋根上に細く壁を立て、壁の頂部を瓦葺《かわらぶ》きにした卯建だ。これがずらりと並んだ町並みなのである。

卯建の効用は防火壁だと説明されていて、その意味も認められるが、平入りの町並みで一戸の区画を明示する意味もあった。「うだつのあがらない」という言葉の意味は、一人前でないということだから、一戸の区画の明示は一人前であることの明示、これが語源と思いたい。この町は多分このことで、国の「重要伝統的建造物群保存地区」に選定されたのであろう。

美濃市での見所には、長良川の縁にある、江戸中期の川灯台がある。長良川はここからさらに上流の郡上八幡《ぐじょうはちまん》からでも舟で物が運べる。岐阜市にもかつては川灯台があった。岐阜から下って桑名にも舟で行ける。「さきに桑名へ行くわな」というのは、先に寝るということ、寝ることを舟を漕ぐともいう。これも舟運の証しだ。

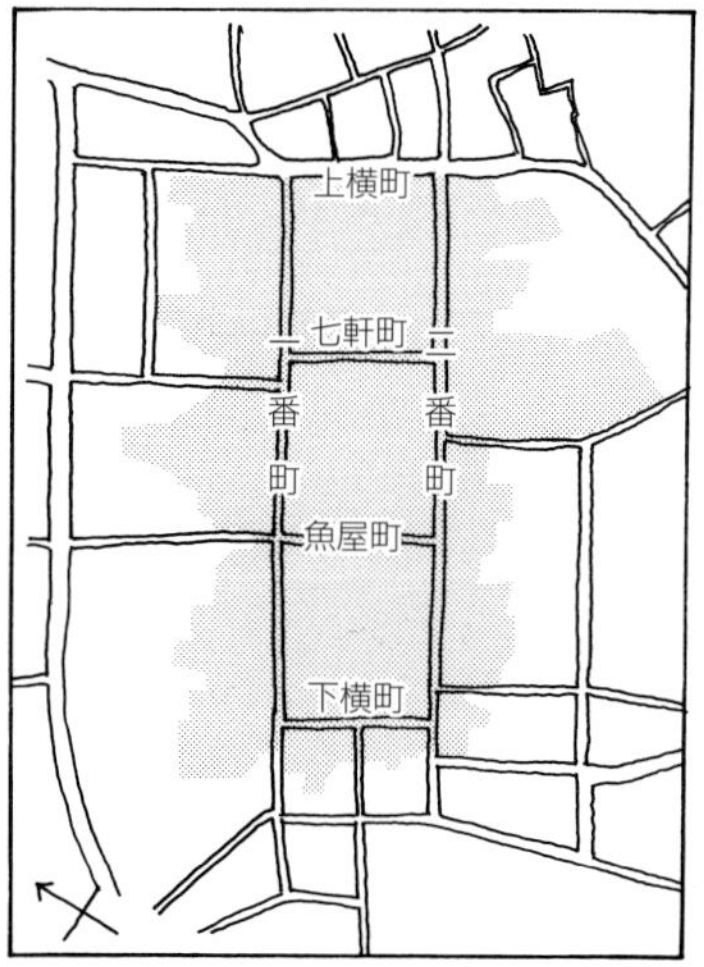

美濃

東海

岐阜県美濃加茂市

ここにも盛大な卯建の脇本陣があった

美濃加茂市という市名は、町村合併（昭和二九年）以後のこと、それ以前は太田と言った。今でもＪＲの駅名は美濃太田のままだ。またこの名は、中山道の宿場名にもなっている。木曽川に沿って下ってきた中山道は、ここで木曽川を舟で渡り、西進して岐阜市の南端を過ぎ、大垣の北部をかすめ、関ヶ原を経て近江路に至る。今では東海道沿線の岐阜、大垣であるが、かつては中山道のエリアに属していたのである。

中山道を唄った俗謡に「木曽でかけはし、太田で渡し、碓氷峠がなくばよい」というのがあるが、太田で渡る木曽川は、少し上流で木曽川で最大の支流である飛騨川を合流させて、滔々《とうとう》たる大河になっている。木曽のかけはしも碓氷峠も中山道の難所だが、渡し船が難所ということはない。考えられることは、渡し船の舟賃はかなり高価だったから、ふところの難所という意味と受けとってみたい。

太田は、ここから高山を目指して飛騨川沿いに北上する飛騨街道の分岐点でもあり、飛騨川と木曽川を利用した舟運の港町でもあった。飛騨も木曽も名だたる木材の産地だから、伐採した丸太を筏《いかだ》に組み、川に流して運ぶが、太田はその筏を引き上げる場所でもあった。木曽節の「なかのりさん」というのは、丸太筏に乗って操る、いなせな男衆のことである。このような立地条件から、太田の町は単なる宿場町ではなかった。

かつての太田の中心部は中町である。この一筋路の端部には「桝形《ますがた》」と呼ぶ、町の端部に特有の屈曲部も残されている。町並みには、少々くたびれ加減ではあるが、古風な町屋が随所に見られる。卯建を建てた家もあるが、最も見事なのは細い路地を間にして並び建った二戸の家だ。向かって左側の家が太田宿の脇本陣である。卯建の形は美濃市の保存地区で見たものと同じだが、それも当然だ。ここと美濃市とは一二キロの近さにある。

卯建の形にも相当の地域差がある。有松の卯建とはかなり違うが、本海野の卯建とは似ている。美濃型の卯建は、中山道沿いに分布したと見ることができる。

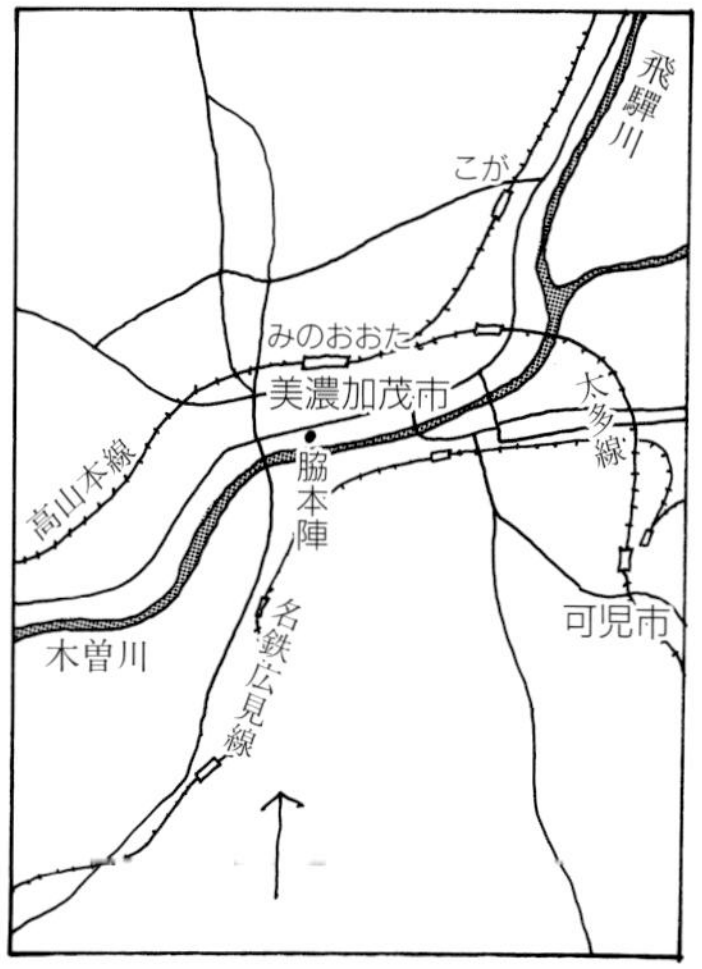

美濃加茂

東海

江戸に藩主の名を残した奥美濃の城下町

岐阜県郡上郡八幡町《はちまんちょう》

正規の町名は八幡町だが、郡上《ぐじょう》八幡と言った方がすぐに合点がいくであろう。この町の郡上踊りはひと夏の間、毎晩、どこかの町内で踊っている。特にお盆の四日間は、町をあげて夜明けまで徹夜で踊り狂う。これが四百年続いている町の伝統行事なのだ。これでは有名にならない方がおかしい。

郡上八幡の城下町としての歴史は古く、ほとんど室町時代末期にまで遡るが、江戸時代になって、青山氏が城主となり、維新まで続く、安定した時代が町の個性をつくり上げてきたと言ってよい。青山藩の治世は住民にとって受け入れやすい優しさがあった。前の藩主、金森氏の頃には農民一揆が起こったりする、弾圧政治の時代があった。郡上踊りの伝統も、この長い安定期の所産なのである。

東京の青山という地名は、江戸時代、郡上八幡の藩主、青山氏の名に由来しての名であるという。話としては、藩主が江戸に在勤していた時、下屋敷の用地を頂きたいと願い出て、武蔵野台地のあのあたりを好きなだけ縄張りしてよいとの返答を得たという。青山氏は馬に乗って、ぐるりと大きく一回りしたところに下屋敷を構えた。それが現在の青山という地名になったというわけだ。出来過ぎた話だが、江戸時代初期の江戸の町は小さかったようだ。青山のあたりは原野だったのであろう。青山に墓地が多いのは、その頃の名残のようにも思われる。

郡上八幡は水の町でもある。それも溜まり水ではなく、谷川のような清冽《せいれつ》な水路が、町の中を幾本も貫流している状態である。生活用水はすべてこの清流が利用されている。自然の恩恵とはいえ、まことに贅沢な暮らし向きではないか。

このような水の豊富さは、当然、町の立地に起因するわけで、町のまわりは全て、見上げるばかりの山に囲まれている。町は、広い渓谷となって流れる、長良川の支流である吉田川の崖上のわずかな台地を、埋め尽くすかのように家を密集させている。

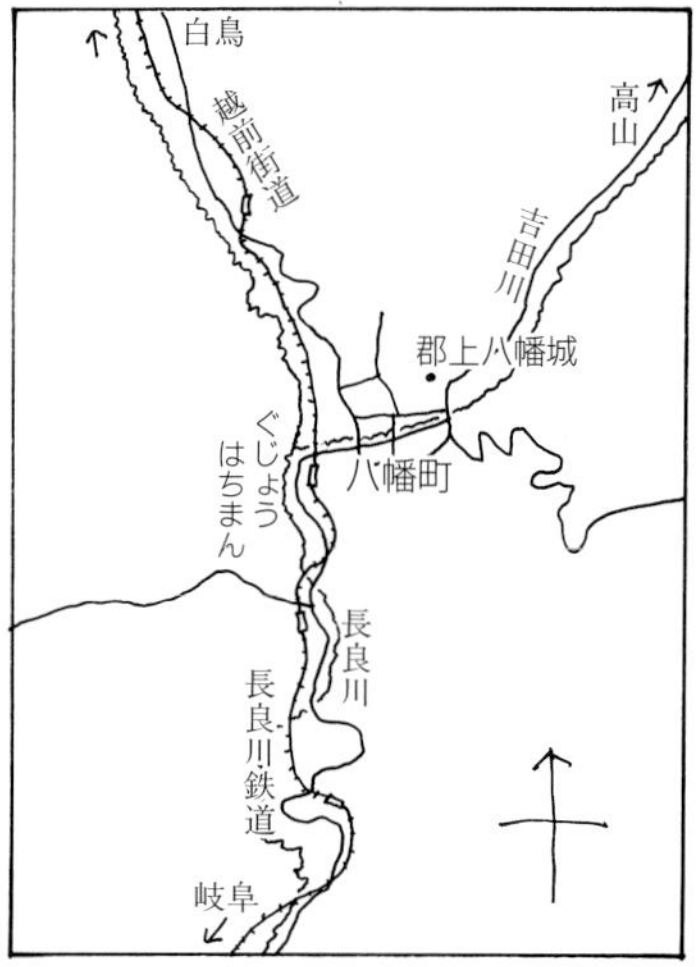

郡上八幡

東海

山城直下から長々と続く一本町の城下町

岐阜県恵那郡岩村町

岩村町は岐阜県の東部、昔の中山道の大井宿が、今ではＪＲ中央西線の恵那市と名を変えている町から南へ、約八キロの地点にある小さな城下町である。恵那市からは明知線と呼ぶ短い支線がこの町まできて、その先は隣町の明知まで延びている。

岩村町は小さな町だが、城下町としての歴史は古い。鎌倉時代中期には、すでに城が築かれていたという。城の天守閣は維新後に取り壊されたが、海抜七二一メートルの山頂にある石垣を積み上げた城の構えや櫓《やぐら》類はそのまま残っている。

城が築かれる場所は、古くは山の上に建てられたが、時代につれて位置を下げてゆき、最後の頃は平地に建てられるようになった。これを分類して、山城《やまじろ》、平山城《ひらやまじろ》、平城《ひらじろ》と呼んでいる。岩村城は起源が古いので山城の部類に属する。町から城に登ると、途中で息が切れるほど、急坂の道を登らねばならない。

城跡から町を眺め下ろすと、足元から一本道が向こうへ、長々と続いている城下町の構成がよく分かる。一本道の城下町というのはあまり例がない。この道は町人町だから、武家町はここにはなく、この道の北に平行して流れる岩村川の対岸にあって、二本の橋で町人町と結ばれていたという。こうした町の構成もまた特異である。

城跡から町に下りて一本道を行く。道は左カーブしつつ緩い坂道になっているので、平《ひら》入《い》りで連続的になる軒《のき》の水平線が、少しの段差をもって順次に一戸ずつ下がってゆく景観が面白い。町人町は城の方から本町、柳町が六百メートルほど続いた後、桝形《ますがた》があって屈曲し、そこから西町、新町が五百メートルほど続く。町並みはほとんど平入りだが、城に近い方から遠い方へ、次第に新しくなっているように思われた。同じ平入りの二階建でも、遠くなるほど、二階の立ちが高くなっているからだ。これも建物の建築年代を見定める指標である。

道筋に面した母屋《おもや》は平入りだが、その奥にある土蔵などの付属屋は、屋敷幅の片側に庭を残して、棟の向きを変えている。母屋も付属屋も嫌味のない造りなのが好ましい。

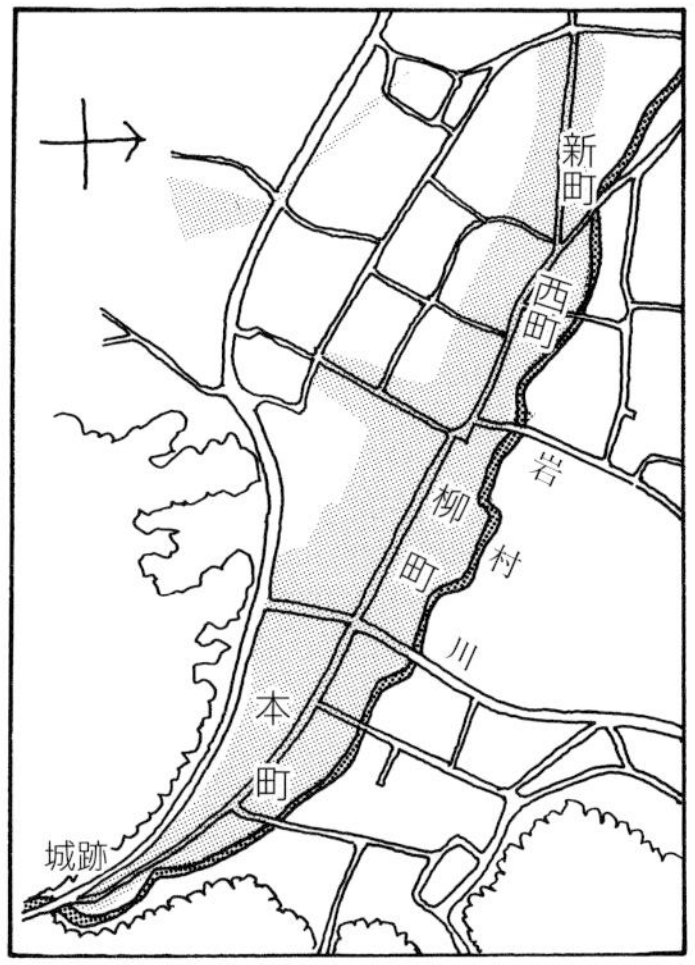

岩村

東海
岐阜県高山市

高山は天領になったことが幸いしたのであろう

飛騨を地域呼称の東海に属させるのは抵抗感があるけれども、地域呼称を県単位でまとめているのだから、やむをえぬことではあるが、やはり、どう見ても飛騨は東海とは言い難い。岐阜から高山に至るJR高山線は、木曽川の支流の飛騨川を遡り、宮峠をトンネルで潜ると、川の流れが逆になり、高山に至る。宮峠は太平洋側と日本海側を分ける分水嶺《ぶんすいれい》なのである。飛騨川を遡る部分は、鉄道も飛騨街道も、急峻な渓谷沿いの険路をゆくが、ここは江戸時代初期までは街道はなく、高山盆地は北陸側に属するエリアであった。

飛騨を大別すると、西部の庄川流域と、下って神通川となる、東部の宮川流域に二分でき、合掌造《がっしょうづく》りで知られるのは庄川流域、合掌造りは五箇山《ごかやま》など富山県側にも広く分布するが、宮川流域には見られない。宮川流域の民家形式は、緩い勾配《こうばい》の板葺《いたぶ》き屋根で、金沢の民家との類似性が極めて大きい。高山の町屋はほとんどがこのタイプである。このことを見ても、文化圏としては北陸に属していることが分かる。

戦国時代の末期、織田信長配下の武将だった金森長近は越前大野に城を築き、城下町を開いたが、その後、秀吉の命を受けて飛騨に入り、高山の城山に城を置き、城下町を整備した。やはり高山は北陸に属していたのだ。しかし、城下町時代は約百年で終り、以後は幕府直轄の天領となって明治にまで至る。天領政治は藩領政治より善政だったようで、自治的要素が強く、民力が培われた。高山の今ある姿は天領の賜物といえるのではないか。

金森藩時代の最大の功績は、飛騨川沿いに街道を開削して、美濃への道を開いたことではないだろうか。これによって飛騨は、北陸圏から東海圏へと移籍したといってもよい。岐阜県が、飛騨と美濃という全く性格の異なるエリア二つをまとめて県にしたいきさつは、元を辿れば、飛騨街道の開削に起因するということができる。

高山の重要伝統的建造物群保存地区は、上二之町、上三之町、神明町だが、足を延ばして大新町の吉島家、日下部《くさかべ》家を見てほしい。高山の民家を代表する建物である。

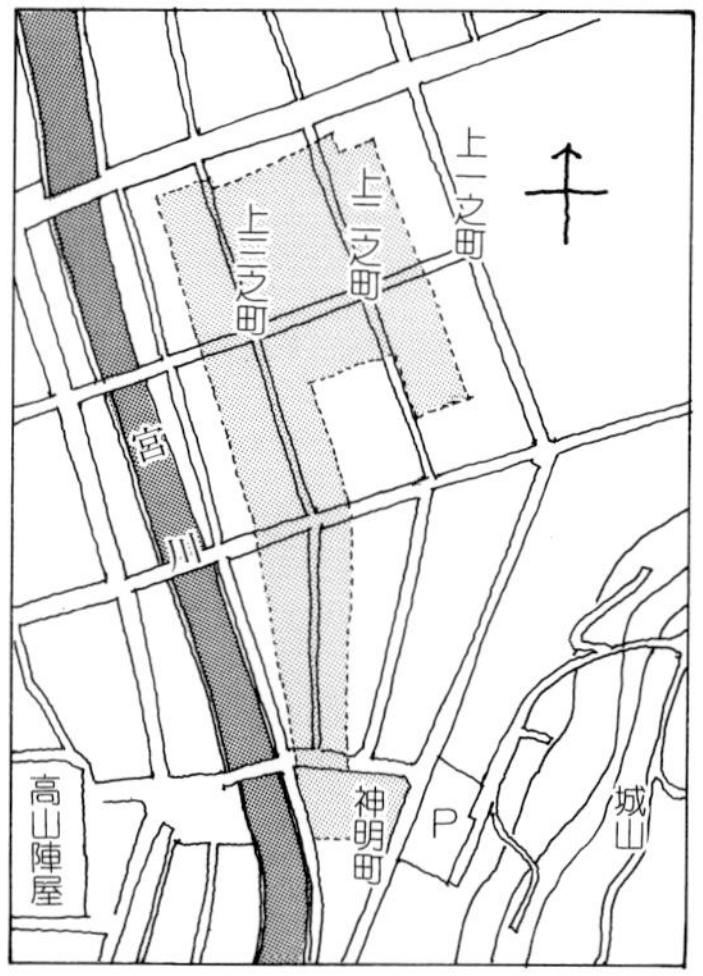

高山

東海

「やんちゃ」が飛騨古川の町の気風

岐阜県吉城郡古川町《ふるかわちょう》

飛騨古川は、JRの駅で高山から三つ先にある。以前は、岐阜方面から来る列車は高山止まりだったが、近頃は飛騨古川まで来るようになった。ここに来る観光客が増えていることを示している。観光客は、高山のあまりの騒々しさに当惑して、静かだった頃の高山の面影を求めてくるのであろうか。

高山と古川とは類似点の多い町だが、それもそのはず、高山と古川は双子の城下町として発足した。高山に居城した金森長近は、ほとんど同時に二つの城下町を縄張りしたのである。二つの城下町は、似たような規模で発足したが、高山が飛騨盆地の中心都市としての性格を強めていったことで、今では人口の差は三倍以上になっている。高山の古い町は宮川両岸から東にあり、新しい町は西へと拡大した。したがって高山は、東と西で全く印象の異なる町になったのだが、古川の方はさしたる拡大がないままに推移したので、全域に古さを残している。高山と古川の古い町の様相は、瓜二つと言ってよい。

しかし、全く違う面もある。それは町の気風である。高山の人はおおむね、おっとり型の人が多いようだが、古川の人は、自ら「古川やんちゃ」と言うとおり、すぐには同調せず、自己発揚するのを、誇りとする気風がある。しかし、「やんちゃ」をもって仲間とする纏《まと》まりの良さも同時にもっているので、「古川やんちゃ」は乗りのよい仲間意識を育てあげている。これは、高山に対する対抗意識という面も持っているのであろう。

古川は大工の町と言っていい。大工の占める人口比率が抜群に高いのである。「飛騨の匠《たくみ》」発祥の地という自負を、大工達は濃厚に持っているから、「やんちゃ」心で「古川は大工の町じゃ」と言い放っても、町の人が異議を挟むことはない。古川の町を歩くと、彫り物を刻んだ腕木《うでぎ》を、家の軒下に数多く見掛けるが、これは戦後になってから、大工達が始めた習慣で、その家を造った大工のサインなのである。高山の町でも見られるが、それは古川大工が建てたという証拠になる。この習慣は、明らかに「やんちゃ」以外の何物でもないのであろう。

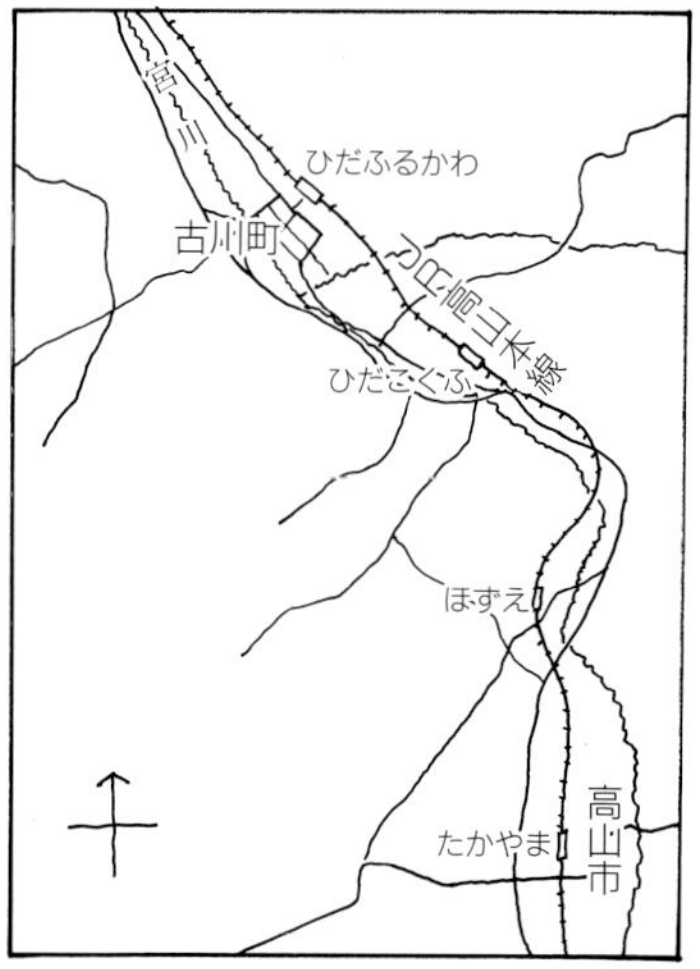

合掌造りの村は水没して荻町だけが残った

東海

岐阜県大野郡白川村荻町

前にも述べているように、合掌造りが分布するのは、富山湾に直線的に流れ下る庄川の谷間に限られていて、それ以東の高山盆地とは、明確に区画されている。庄川の源流はこの谷間の南端で、そこで日本の分水嶺を蛭ケ野峠で越えると、長良川の源流となり、そこはもう美濃である。庄川の谷間は、高山盆地よりも、美濃との繋がりの方が深かった。

庄川の谷間にある村は白川村と荘川村の二つだが、この谷が深いことに眼を付けた電源開発が、諏訪湖に匹敵する面積の御母衣《みほろ》ダムを始め、この谷間にダムを連続して設けたことで、合掌造りは全く一掃させられた。全国各地で蕎麦屋などになっている合掌造りをよく見掛けるのは、このダム建設で一斉に山から叩き出された結果なのである。しかし、移築された家はまだ幸せと言うべきであろう。ほとんどの家は廃棄物になる以外に手はなかった。今、合掌造りの村としては、国選定の「重要伝統的建造物群保存地区」になっている、白川村の荻町だけが、岐阜県下には残るのみなのである。

合掌造りは、大きな屋根の中が三階にもなっていて、下から数えれば四階にもなる。これを集合住宅にように考えて、大家族制度があったということと関連させて、親子の何世帯もが住み分けていたと思っている人がいるけれども、それは間違いだ。大家族制度というのは、結婚できるのは家長になる長子のみで、他の子供は生涯独身の単なる労働力として扱われた。家の切り盛りは家長とその妻がやり、米を食べられるのは家長とその妻と長子のみ、他は皆、稗《ひえ》を常食した。生涯独身の他の子供達も含めて、一家の労働収入はすべて家長の収入とされた。大家族制度は悲しい生活というよりないが、こうしなければならなかったのは、耕地面積を拡大できない谷間という、厳しい環境に起因する。

合掌造りの何層にもなった屋根裏は、実は養《よう》蚕《さん》のためのスペースであった。養蚕が盛んになるのは明治以降のことで、それまではこんな屋根ではなく、ごく普通の寄棟であった。屋根の中を明るく風通しのよいものにするため、今の屋根型になった。蚕《かいこ》のなせる技なのである。

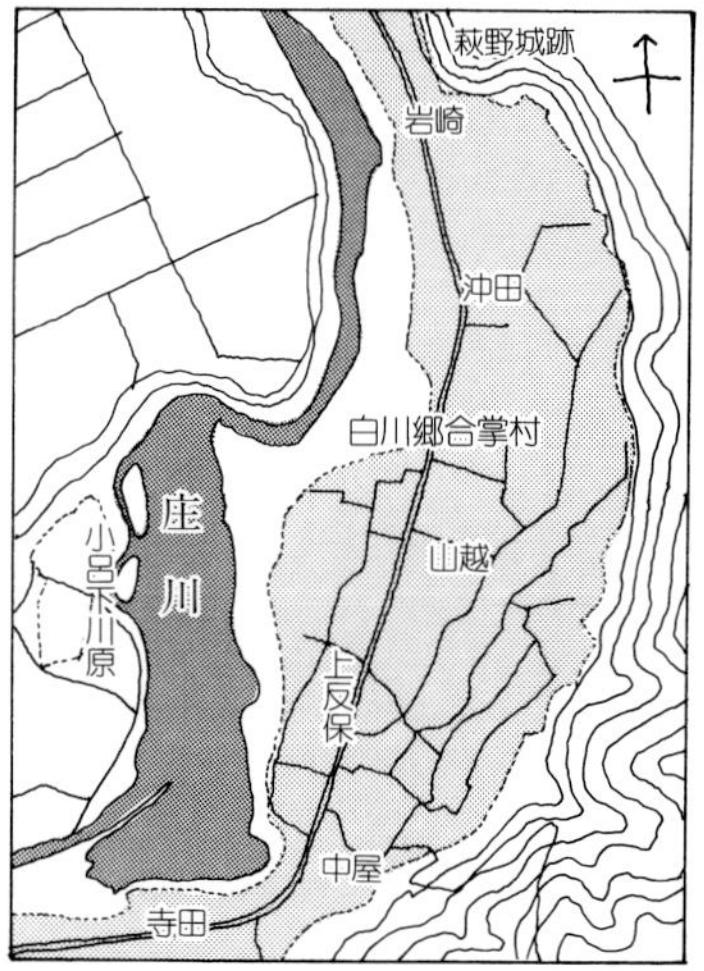

白川荻町

飛騨の荻町へと続く山間の合掌造りの集落

富山県東砺波郡平村《たいらむら》

北陸は甲信越のエリアに属するが、やはり抵抗感があるので、富山県と石川県と福井県だけは別にして、北陸というエリアで纏《まと》めた。

平《たいら》村という地名はあまり馴染《なじ》みがないであろうが、五箇山《ごかやま》ならご存じであろう。「こきりこ」節の里である。五箇山は地名ではなく、平村、上《かみ》平村、利賀《とが》村の全域を合わせた総称で、浄土真宗の道場一つが支配する惣村《そうむら》と呼ばれたエリアの名称である。

五箇山にも合掌造りは多く見られる。平村の相倉《あいのくら》には、二〇棟の合掌造りがまとまって建っているし、少し上流の上平村の菅沼には、さらに大きい合掌造りの集落がある。菅沼から上流になお進むと県境を越え、前記の飛騨の荻町の合掌造り集落に至る。ここは県は違うけれども、庄川流域合掌造りエリアに属するわけである。

しかし同じ合掌造りエリア内とはいえ、家の造りようには違いも見られる。総じて言えば、上流にゆくほど家の規模が大きくなる。飛騨の方から五箇山にくると、合掌造りとは思えないほど小さいな、と思うであろうし、逆にゆくと、飛騨の合掌造りが巨大に見えるはずだ。

細部にも違いがある。先ず入り口の位置が違う。五箇山では家の妻側にあるが、飛騨では平側にある。それから、飛騨では妻側は切り落としたようにそそり立っているが、五箇山では入り口がここにあることもあって、下屋庇が付いている。内部の土間の広さも違う。五箇山の方が、家の広さに対する土間の広さの比率が大きい。これは飛騨よりも五箇山の方がより農村的ということを意味している。

五箇山は飛騨よりも農地の面積を広く取ることができたのであろう。してみると、ここでは例の大家族制度はなかったのではないか。家の規模が小さいことも、分家が可能だった証拠のように思われる。

惣村という浄土真宗支配のエリアは、一種の生活共同体という性格を持っている。このことも、大家族制度否定論の根拠になる。

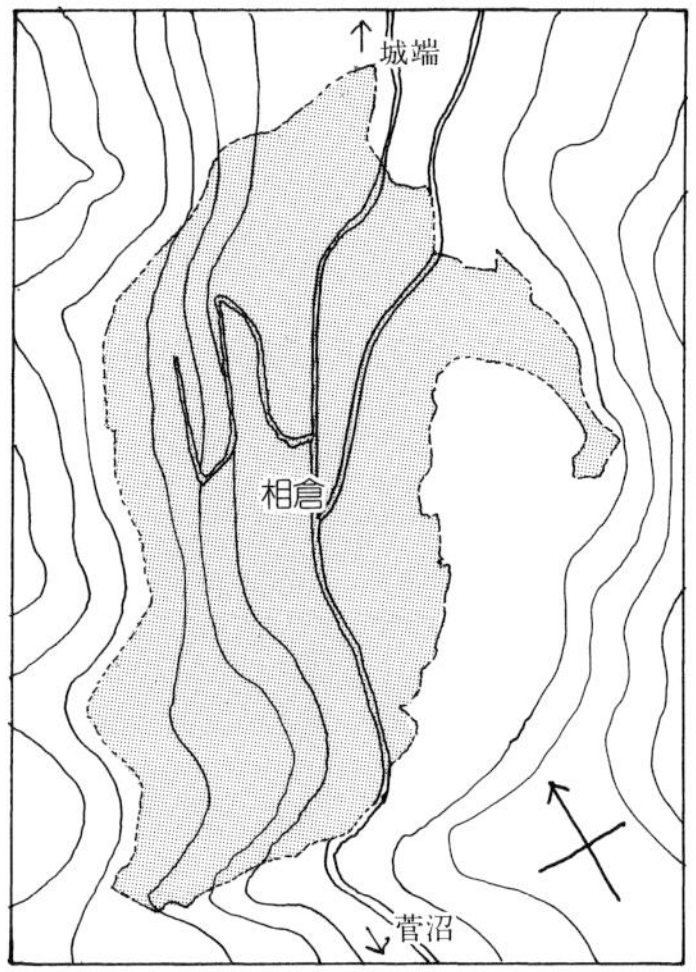

相倉

珍しい「かぐら建て」の古民家がわずかに残る

福井県坂井郡三国町《みくにちょう》

越前平野の大河といえば九頭竜川。この川が日本海に注ぐ河口の港町が三国である。三国港は、かつては、日本七大港の一つに数えられた要港で、北前船で賑わったという。しかし、船の大型化で寄港不能の船が増え、今では小さな漁港になっている。

町にも、何かがとりわけ残っているとはいえないが、うねった細い道筋に、古さを留めた町屋が所々に残っていることに気付く。そして、それらを子細に見てみると、三国の町屋の発達過程が見えてくるのが面白い。

海岸に平行して走る道筋に並んで建つ町屋は、櫛《くし》の歯のように、棟を道筋と直角にした奥に長い家になる。このことは前述の出雲崎でもふれている。海から吹く強風に身構えた形だ。ここ三国でも同様なのだが、道筋に向けて妻側を見せているのではなく、道路から見た姿は、平入りの町並みなのである。

道路面が二階建てになっていると、奥の方の屋根が見えないので、通常の町屋と変わるところはないが、道路面が平屋だったり、つし二階だったりすると、その屋根越しに奥の屋根の妻側が見え、屋根の組み合わせの異様さに気付く。家の平面形が、金槌《かなづち》を寝せたような形で、奥に伸びた部分が金槌の柄《え》、道に面した部分が金槌の頭、要するにT字形になっている。そして屋根の異様さというのは、道路に面した部分の屋根が、二階建て、つし二階建て、平屋建てを問わず、日本の伝統的家屋としては異例の片流れになっていることである。これを「かぐら建て」と呼んでいる。

よく見ると、奥の棟をそのまま道路面まで出した妻入りで、小庇《こびさし》を取り付けたタイプがある。これが多分、原形であろう。そして道路面が平屋の平入りになったタイプがこれに次ぎ、やがてつし二階になり、最後に本二階になるというのが、「かぐら建て」の発達過程であるようだ。珍しいタイプの民家様式なのに、どの家もみすぼらしくなりつつあるのが痛ましい。保存する価値は充分にあると思われるのだが、どうしたものであろうか。

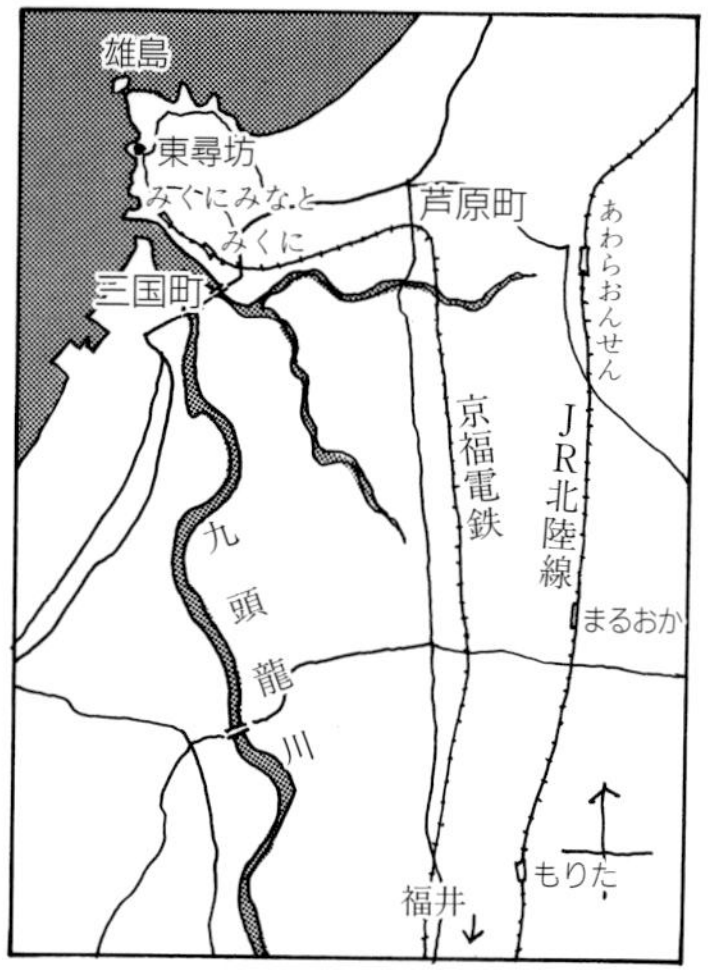

三国

宝慶寺に禅の空間の厳しさを見る

越前大野と言うと、大野の人は「大野です」と訂正する。正しくはその通りで、越前大野というのは、ＪＲの駅名である。旧国鉄時代に、各地にある同じ名前の町を区別するため、旧国名をその上に冠して駅名にした。それに類した例はわんさとある。前述の飛騨古川もこの部類に属する。しかし、古川の人は、古川が正しいことを知りつつも、何のわだかまりもなく飛騨古川と言うが、大野の人が妙にこだわるのは何故か。越前という名前が気にいらないのか、それとも国鉄が嫌いなのであろうか。

こんなことにかまっていても結論は出そうにないが、前述のように、大野、高山、古川は、金森長近が縄張りした兄弟城下町である。大野には山上に復元した天守閣もあるが、この町の誇りは、水量豊富な湧水が町の中に用水路網を形づくっていることである。広大な九頭竜川源流域の水を、大野盆地の底に溜め込んでいるからであろう。「お清水《しょうず》」と呼ばれる、自噴水を共同で使う水使い場が今も現役だ。

この町から南へ、部子山の方角に向けて、九頭竜川の支流を遡ってゆくと、やがて鬱蒼たる杉の大木が生い茂る森の山道に分け入ってゆく。この山奥にある宝慶寺《ほうきょうじ》という曹洞宗の禅寺を目指す。

宝慶寺は、上空から見ても、建物の姿が全く見えないであろうと思われるほどの、巨木の森の中にあった。この寺は、中国で曹洞禅を会得した道元が帰国する時、彼を慕ってついてきた中国僧、寂円が開いた曹洞禅の道場である。道元は福井と大野の中間点から少し山に入った永平寺に晩年の本拠を定めたが、彼の死後、永平寺は僧達のみにくい権力争いに明け暮れる始末で、寂円はこれに絶縁するため、ここに道場を開いた。道元の理想を引き継ぐという、純粋な思いがあったであろう。

この寺の空間のどこにも、彼の思いが、まざまざと感じとれるのが不思議だった。曹洞禅の厳しさがそのまま凍結している。とりわけて坐禅を組む古い道場に、その感が濃密であった。瓦敷きの道場は、中国の禅寺の面影がある。

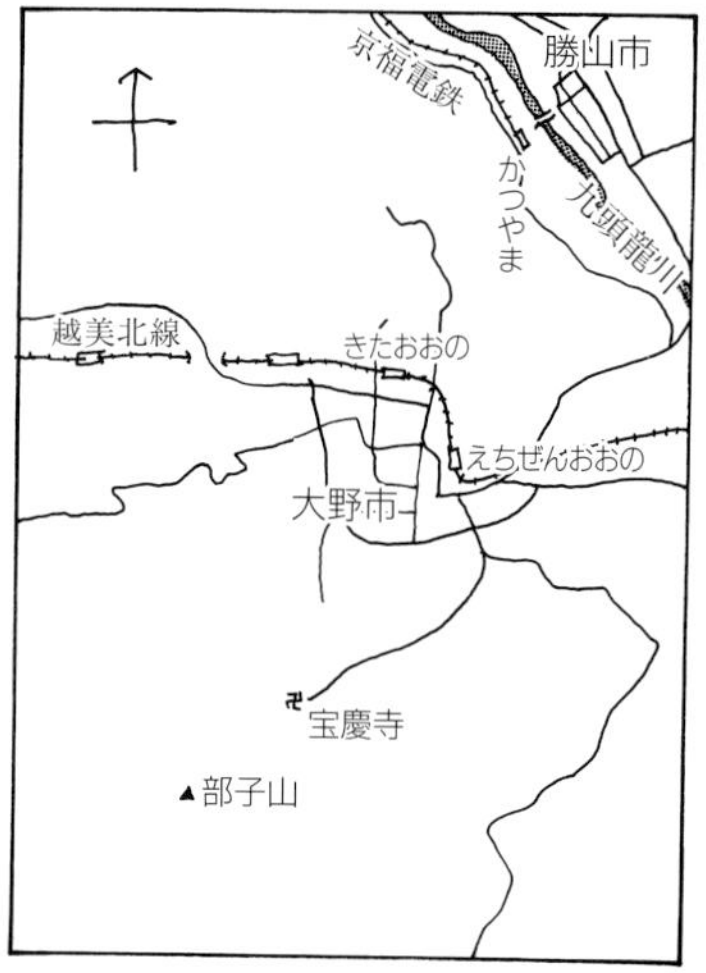

大野宝慶寺

北陸

平泉寺白山神社の森には千古の気配が漂う

福井県勝山市

勝山は前述の大野と九頭竜川を介した対岸、指呼《しこ》の間にある町だ。この町は新造の越前大仏を目玉に観光化を計ったが、今は恐竜の化石が出たのを種にして、恐竜の町として売り出そうとしている。商魂丸出しの町づくりというのは、どうにも頂けない。一時のブームはあるだろうが、去った後には、奇妙な建物ばかりが寒々と残るのみ、ということになりはしないか。

勝山には、もっと大切なものがある。町からわずか山中に入ったところの平泉寺白山神社である。車を走らせると、苔むした凹凸の多い昔の参道を見ながら、脇の道を緩やかに上ってゆく。着くと、山内が広大な森であることに驚くであろう。

この社は、養老年間に、泰澄《たいちょう》という修験者が、白山信仰の中宮として開いたと伝えられている。養老年間といえば、奈良に平城京が造られた直後だから、一三〇〇年昔のこと、茫漠《ぼうばく》として何も見えてこない。白山の山岳信仰だから奥宮は山頂にある。ここから白山に上る道が参道なのである。

平泉寺白山神社と聞けば分る人には分る。神仏混交の社であるが、昔はむしろそれが普通であった。神か仏か峻別せよというのは、維新後、明治政府が行なった愚策であると言う人もいるが、それはともかく、この社は、このあたりの大勢力に成長したのであろう。みちのくに平泉という地名があり古刹がある。言わずと知れた奥州藤原氏の本拠であるが、この地名はこの社の名に由来するのだという。どんな関わりが僻遠の地との間にあったのであろうか。

室町時代末期の頃、北陸では一向宗が、一種の国造りを目指して反乱を重ねていた。この社の権力は一向宗徒から眼の敵にされ、焼き討ちで灰塵に帰したが、顕海上人が再興した。今の社殿は江戸末期の建物である。

社の周辺の農村を歩くと、あちこちに石垣がある。ここは城塞であったのだ。地図にも、白山平泉寺城跡と記されている。

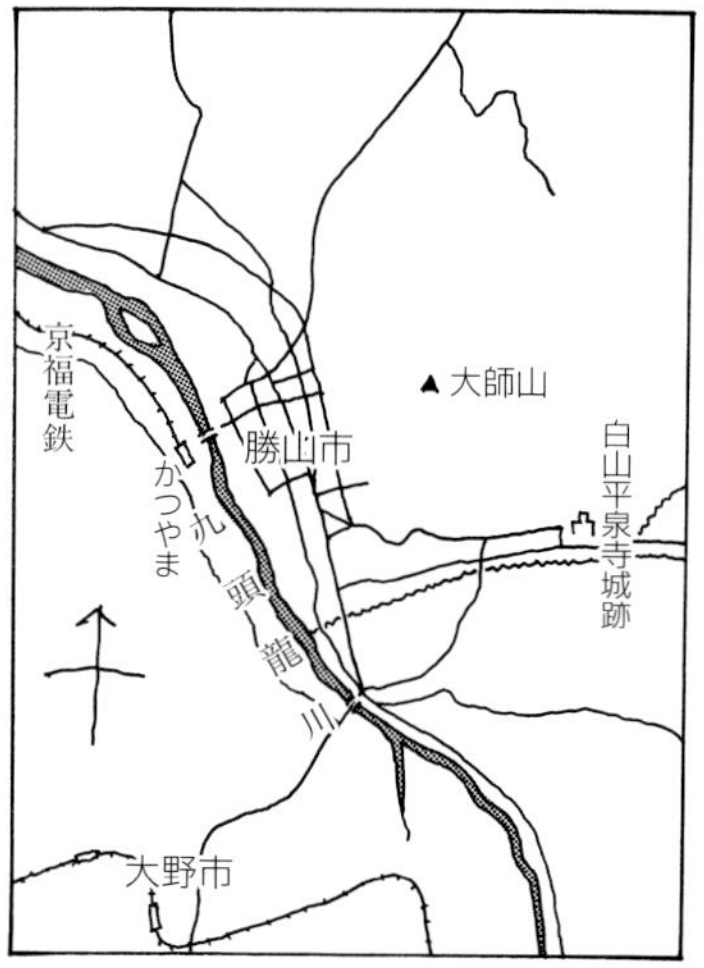

勝山一斗泉

京都への鯖街道に造られた宿場町熊川

福井県遠敷郡上中町《かみなかちょう》

先ず福井県のこと。この県も岐阜県が飛騨と美濃という全く性格の違う地域を合体させているのと同様に、嶺南と嶺北、つまり若狭と越前という二つの地域を合体させた県である。越前は能登、越中との同域性が高いが、若狭はむしろ京都に近いと言い得る。

若狭の熊川は、このあたりで随一の海港である小浜から、琵琶湖畔の今津へ越える峠道のどんづまりにある宿場であった。小浜藩が国境防衛のため、税負担を軽減するなどして、意図的に造った宿場だが、この宿場は、小浜と京都を結ぶ「鯖《さば》街道」と名付けられた道の中継点として機能した。

「鯖街道」という名の由来は、小浜で上がる鯖を京都に急送する街道ということ、鯖が日持ちしない魚なので、担いで走ったという。「鯖街道」は幾本もあったという。熊川から今津への道の途中の保坂から右に折れ、直線的な朽木《くつき》谷を通って大原に出るルートがメインで、今津まで行ってから京都を目指すルート、山中から鞍馬に出るルート、美山経由で嵯峨野に出るルートなどがあった。要するに、若狭は京都圏に属していたのである。

熊川では国道はバイパスで抜けている。そのため旧道の町並みはそのまま残った。町並みに見られる民家は、間口の広い平入り型の町屋には京風の匂いが明らかだが、妻入りの町屋には、海辺の家の面影がある。また、草葺きの家は農家風でもあり、土蔵が道に顔を出しているなど、変化に富んだ町並みを形成している。若狭は京都圏とはいえ、確実に海に面した地域でもある。

しかし、熊川の町の最大の特徴は、街道筋の片側に、音を立てて流れる清冽《せいれつ》な前川にある。この水路は生活用水であり、どの家の戸口の前にも、水使い場の階段が設けられている。籠を水車に仕立てて中に里芋を入れ、水流で皮剝ぎする水車が廻っていた。

山から直接出てくる清流は、山中で取れる葛《くず》の蔓《つる》を、葛粉にするための水晒しにも利用された。ここで取れる葛粉は、吉野葛と並ぶ名品である。

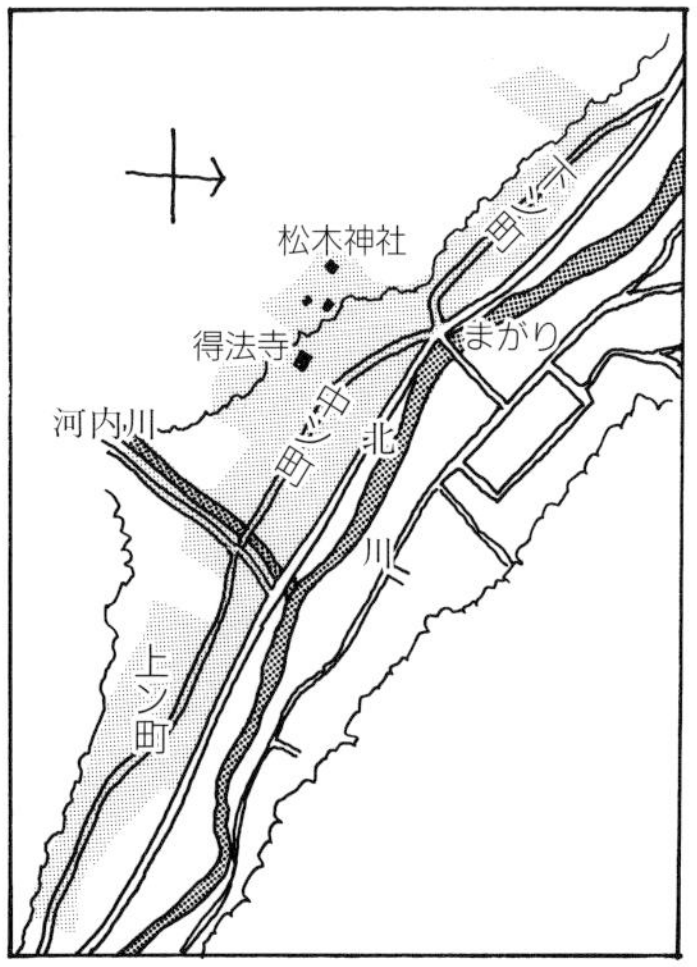

十一年四月建之
熊川

近畿
滋賀県長浜市

東海道線より早く開通した国鉄のターミナル駅

長浜は、羽柴秀吉が始めて城を持ったゆかりの城下町である。その後、石田三成の居城となって、関ヶ原の役で破れた時、城は炎上して消えた。今ある天守閣は近頃復元されたものである。

しかし、そんなことよりも、長浜は「黒壁」の町として名を知られている。町には黒壁何号館と名付けられた、古風な店舗を交えた商店街に観光客が溢れている。黒壁という名の由来は、街角にあった古い黒壁の銀行が取り壊されそうになった時、これを買い受けてガラス細工の店として再生した人がいて、それが話題となって人がくるようになり、店舗が増え、今の賑わいになったからだ。黒壁の家が多かったわけではないし、ガラス細工が町の伝統工芸であったわけでもないが、観光客が増えて、京都方面からくるＪＲの新快速電車も、米原止まりのダイヤが近江長浜止まりへと改定された。

長浜には、人でごった返す商店街よりも、静かな普通の町中に古さを残した建物が見られる。駅のすぐ手前の踏切の脇にある、古い駅舎もその一つである。煉瓦積みの煙突を二立てた総二階建ての建物は、日本で最古の駅舎であるという。日本で最初に開通したのは東海道線だから、北陸線にある駅が最古というのは面妖な気がするが、これは事実である。敦賀と長浜を結ぶ路線は、柳ケ瀬トンネルを掘るなどの難工事があったけれども、東海道線の全通に先だって開通した。長浜はこの路線の終着駅であった。

何故、長浜が終着駅になったのかは、京大阪への輸送が、この先は琵琶湖の船便によったからである。現在は埋め立てられて、琵琶湖の湖岸は遠くなっているが、明治の頃は駅のすぐ横に船が接岸していて、この駅が列車と船との乗換え駅だったのである。この日本で最古の駅舎は、新しく建てられた展示館と併せて、長浜鉄道文化館として公開されている。

ここが乗換え駅として、人や物が激しく往来した頃、町の様子はどうであったのか。今の米原の様子から類推すると、乗換え駅というのは、町とは無関係の存在になりやすいのではないか。

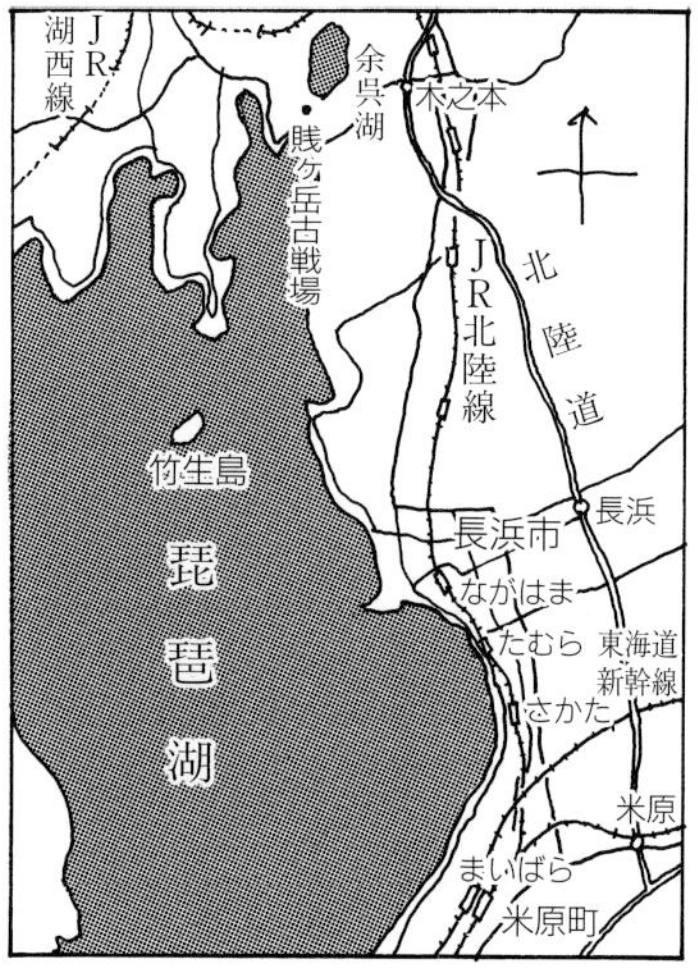

長浜

近畿
滋賀県彦根市

彦根の魅力は構えを残した城と周辺にある

昔、城のあった町は、何かにつけて城を復元したがるものだが、それは止めた方が賢明だ。いかに正確に復元してみても、所詮は紛《まが》い物に過ぎない。観光客は来るが、造って一年で来なくなるという。そこへ行くと、城が残っているところは幸せだ。しかし、天守閣だけではつまらない。城の構えが残っていなければ興味が殺がれる。その点で最も見応えのあるのが姫路と、ここ彦根である。

彦根城は小山の頂きにあるが、石垣や練り塀の中を屈曲しながら上れば、何ほどのこともなく頂上に着く。天守閣は、下から見上げた時よりも、はるかに小さくて可愛らしい。ここが姫路とは違う。姫路城は、あまり人のいない時に入ると、恐ろしくなるような凄さがある。彦根の城の可愛らしさは好感が持てるのだ。しかし、それよりも、城を眺めるなら、山裾を一巡りする方がよい。山裾には御殿などがあったところが、公園とか料亭などになっていて、山上の城を背景とした美しい環境に整えられている。一巡りすると、城の姿が変化するので楽しく眺められる。

この城は、関ヶ原の役で戦功のあった井伊家の居城として、石田三成の佐和山城など、いくつかの三成方の城を寄せ集めて築城されたが、江戸期を通じて維持し続けられた。桜田門外の変で暗殺された井伊直弼《なおすけ》は、安政の大獄の立て役者だから、恐怖政治の下手人のように思われているが、藩政はすこぶる穏健だったらしく、彦根での評判は今でも悪くない。

城とその周辺は見るべきものが多いが、彦根の町そのものは、どうにも魅力に乏しい。大手門の前に古い町並みに似せた商店街を造ったりしているが、これも紛い物にしか見えない。

町人町はもはや絶望なのであろうが、武家屋敷町は生け垣に囲まれた、緑の多い住宅地になっていて好感が持てる。商業活性化なんぞと言わないで、環境のよい住みよい町にするのを町づくりの目的に据えれば、このあたりの環境はもっとよくなるのではないだろうか。

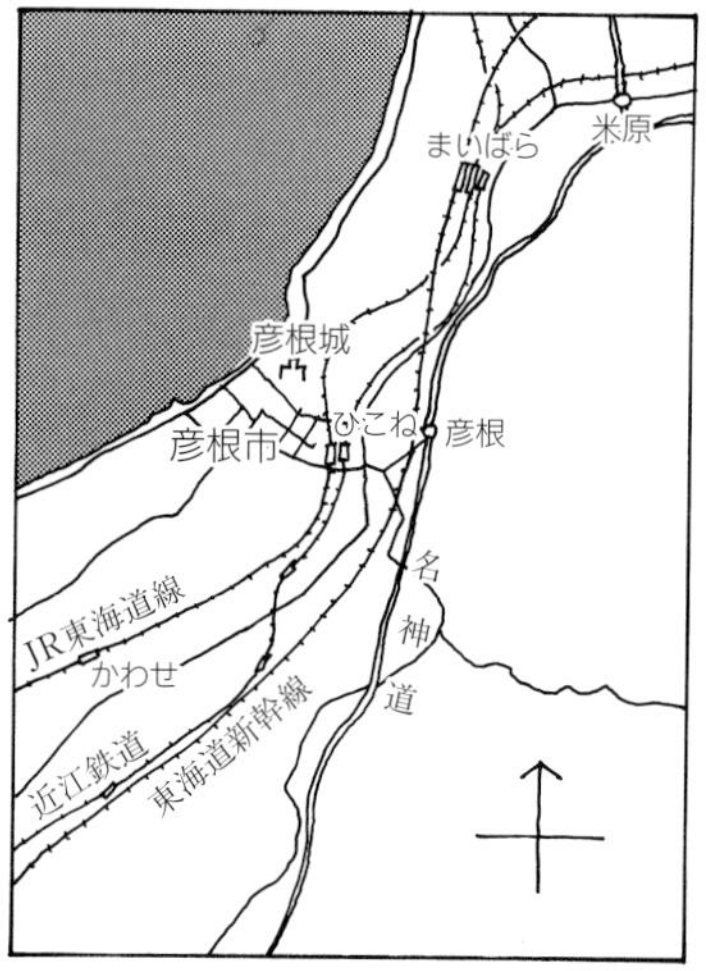

彦根

近識

近江商人の一つである五個荘商人の本拠地

滋賀県神崎郡五個荘町《ごかしょうちょう》

琵琶湖の東のエリアに、近江商人発祥の地というのが幾つもあるのは何故か。近江商人の本拠は近江八幡、日野、ここ五個荘に多く集まっているが、近江の人は商才に長けた人が多かったのであろうか。しかし、商才では小さ過ぎて大をなさない。それよりも、計数能力と理解した方がよいのではなかろうか。役人になれば能吏になる素質と言ってもよい。要するに頭の回転がよい人である。石田三成は武将だが、能吏という側面を濃厚に持っていたように思う。もし、三成がもっと遅く生まれていたら、近江豪商になっていたのではないか。近江にはそうした気質が濃厚にある。

近江商人を育てた気質は、ここが東国や北陸から来る道を、琵琶湖東部で束ねて京大阪に繋いでいるという、地理的条件に起因するのであろう。三重県の松坂商人という存在もまた、同様の地理的条件下にあることを思えば、この要因は合点がいくであろう。人や物が往来するば、交易に明るくなり、情報に敏感にもなる。機を見るのに敏という頭の回転が培《つちか》われる。

近江商人は、柳行李《やなぎごうり》を天秤棒で振り分けに担いで商品を売り歩いたという。ここで琵琶湖の存在が物を言ったのではなかろうか。舟運が利用できれば、行動範囲が広がるからだ。売り歩くには、重い物は不向きであるし、値の安いものでは利幅が少ない。したがって売り歩く商品は、呉服物などの反物が多かった。京大阪や関東、東北、北海道など、遠隔地には出店をつくったが、本拠地を変えることはなく、常に近江に本宅を構えていたことで、近江商人発祥の地と名を冠することのできる、大邸宅が並び建つ町になった。

五個荘中心部は、敷地が千坪を越える大邸宅で町がつくられている。幾つかの家は公開されているので、家のつくりようの見事さを観賞することができる。ほとんどすべてが数寄屋造りで、節のない目の詰んだ柾目《まさめ》の杉材が使われていて、造った大工の腕の良さが随所に見られる。それに成金趣味のかけらもない。近江商人は美意識も持ち合わせた人々であったのだ。

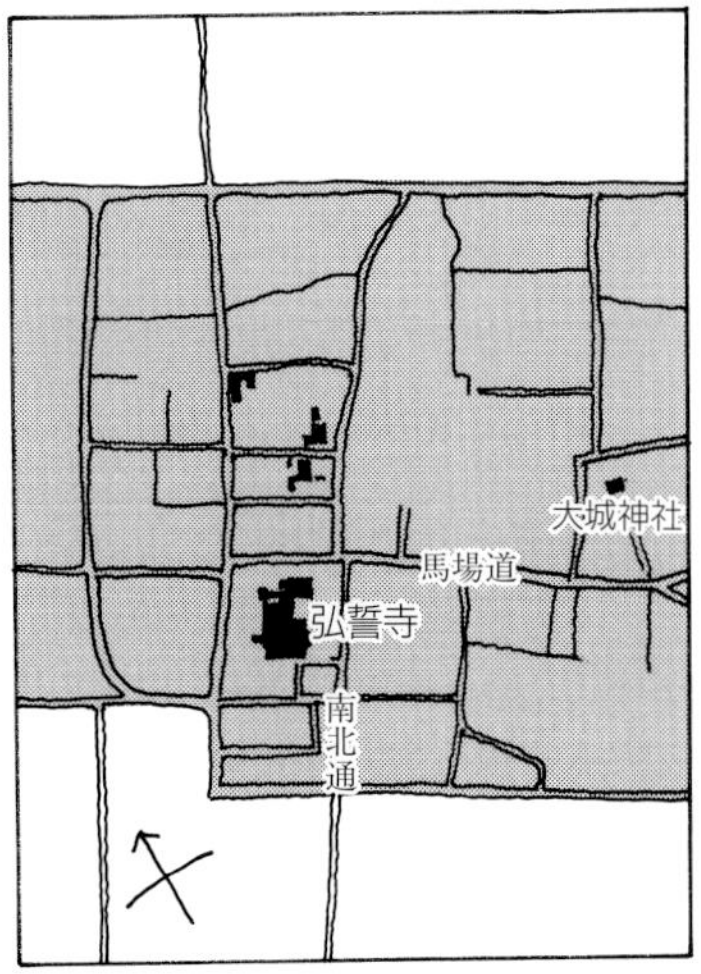

近畿

比叡山延暦寺の里坊の町であった坂本

滋賀県大津市坂本

坂本は明智光秀が居城したこともあるが、その痕跡は何物もない。坂本は古来から、比叡山延暦寺の僧達が、冬の山上は寒さが厳しいため、山を下って住むための里坊の町であった。しかし、町と言っても町らしい体は成していない。石垣に囲まれた大きな屋敷に木々が茂り、建物の所在も定かでないほどの、自然の中にある人口まばらな住宅地の様相を呈している。

ここでの見所は石垣なのである。自然石を巧みに空積みしているので、石相互を接着している材料が全くなくても、崩れずにいるところが見所だ。これを穴《あの》太衆《うしゅう》積みと言う。このあたりに住んでいた石積み職人の集団が持っていた、特殊技術である。この職人集団が重宝がられ、追い使われた時期があった。戦国時代の築城ブームの頃である。あちこちの城の石垣を造って廻ったのであろう。

不思議に思うのは、日本人は石を積むのは得意でなく、むしろ下手と言ってもよい。これはヨーロッパのように、古くから石を積んで建物を建ててきた伝統がないからだ。日本人が得意とする建築技術は、木工技術に他ならない。であるのに、何故ここで突如として熟練した石積み職人の集団が現れたのであろうか。穴太衆の話はこの時以外には全く現れないのである。

もう一つ、不思議に思うのは、石垣をどこにもかしこにも築いた時期に、材料はどこで手に入れたかである。日本は石材に恵まれた国ではない。特に関東平野においては、石材は皆無と言ってよい。日本で石が取れるのは、中国地方だけが本場であった。石材は崖となって露頭していなければ採掘することができないが、採掘した痕跡は残っていない。使ってある石を使い廻したのであろうか。

坂本には京阪電車の駅前に蕎麦屋が二つある。どちらが美味しいか、諸説あるが、これは好みの問題だから、決めることはできない。行って食べ比べてみて、決めるのは個々人の舌次第の事柄に属する。

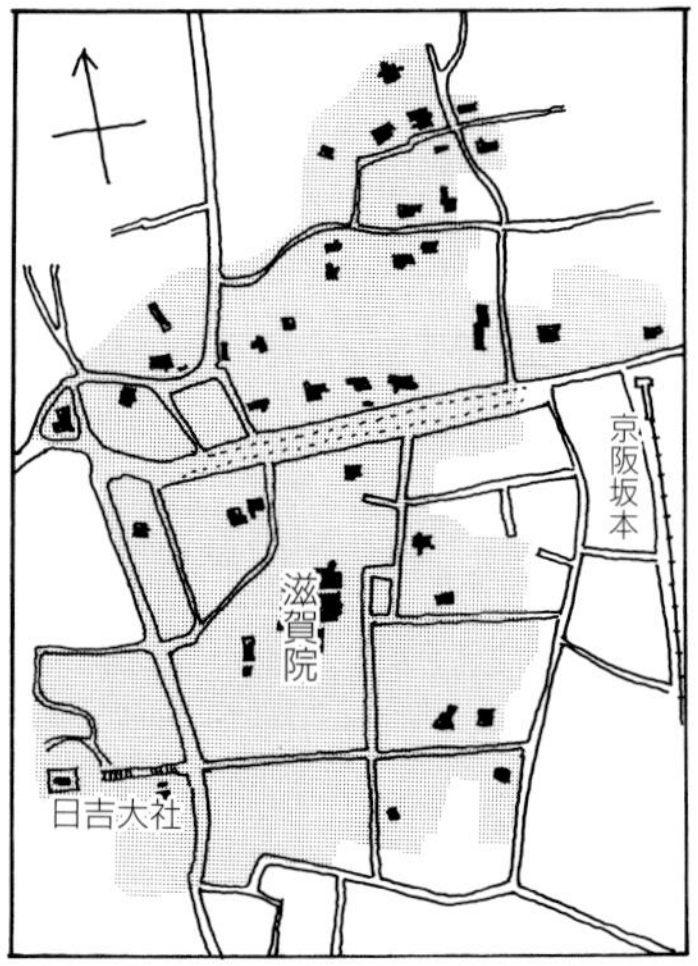

総本家
鶴㐂そば
坂本

近畿

日本一気品のある町並みと言ってよい近江八幡

滋賀県近江八幡市

近江八幡もまた近江商人の町である。しかし、見るべき町並みは八幡山の山裾の部分で、JRの駅からは遠く、車を利用した方が賢明だ。町並みは八幡堀に向かって並ぶ、新町筋と永原町筋の二本で、特に新町筋の町並みは絶品だ。五個荘の項で、近江商人の美意識の高さにふれたが、ここでもそのことを思い知らされるはずだ。平入りの母屋が通りに面していて、一階は連子格子《れんじごうし》を連ね、二階は壁の多い姿の、広い間口の家である。脇に土塀が伸びていて、その部分は建物が下がっているので庭があり、塀越しに形のよい松が亭々と枝を延ばしている。またその脇に、通りに妻側を見せた土蔵が顔を出していて、町並みに変化を与えている。まことに美しい町並みというよりない。少々オーバーな表現になるが、日本一気品のある町並みと言い切ってもよい気分になる。

念のため言っておくと、商人の町といっても、商店があるわけではない。近江商人はここに本拠を置いて、全国に商品ルートを展開して商った。だからここにあるのは、問屋の機能を多少持った住宅なのである。

八幡堀の周辺はまた違う趣がある。この堀は琵琶湖に通じていて、舟に積んで物を運ぶ水路であるが、城下町時代はこの堀から山にかけてが城内であったろう。ここを城下町にしたのは豊臣秀次であったが、失脚してわずか一〇年で城下町時代は終り、以後は町人町として推移した。これが近江商人の町になった遠因であろう。

八幡堀沿いには土蔵が多く見られるが、これは堀を物資輸送に使ったことの証しになる。土蔵は概して小ぶりである。運んだ物資が小さいが値の張るものであったのではないか。もし雑貨などであれば、もっと大型でがさつな造りの土蔵になる。土蔵は住宅になっているものもあるが、お店になっているものもある。堀の風景を眺めるのに都合がよい。

八幡堀の町側に大きな邸宅がある。これも近江商人の西川家で、東京にもある西川ふとん屋グループの本家なのである。近江商人のルーツを示す好例と言えよう。

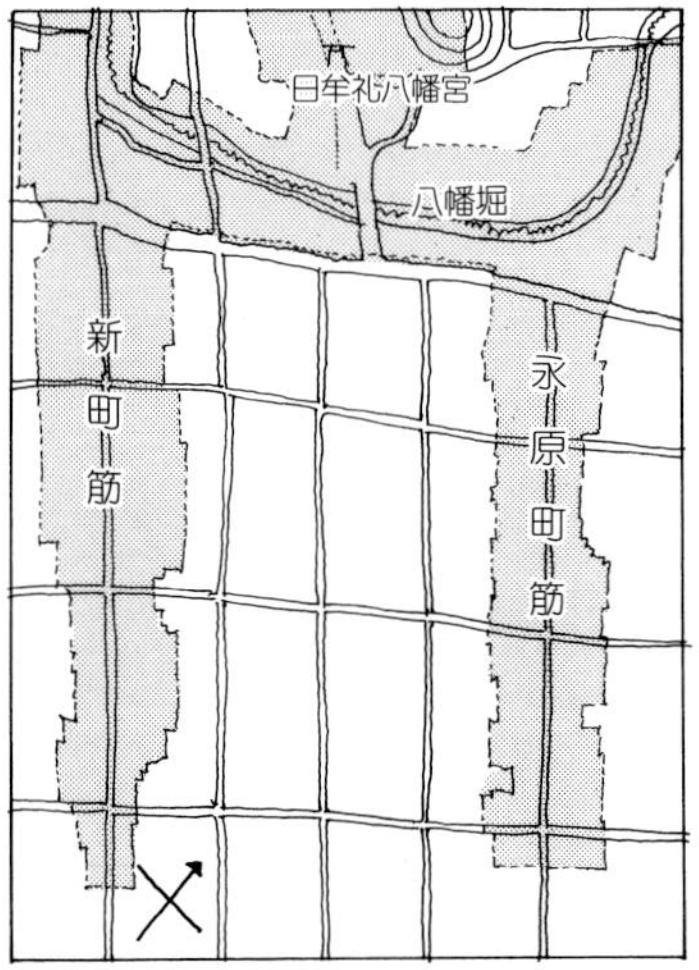

近江八幡

近畿

祇園新橋だけがバアビル街の中に残った

京都府京都市祇園新橋

祇園界隈は、お茶屋と呼ばれる一種の小部屋料理屋の立ち並ぶ町であったが、いつの間にか、階ごとに別のバアが入っている、バアビルばかりの町になり変わってしまった。土地が小さいので、ひょろ長いビルになるが、事務所ビルのような顔では都合が悪いためか、凝りに凝った珍妙怪奇な表情のビルが、ぎゅうづめに建つ、美しさのかけらもない町になり果てた。ここは目をそむけて通り抜けなければならぬ。

そんな界隈の中にあって、昔の祇園のままで居続けている町がある。祇園新橋の通りと、白川南通りでつくる三角地帯である。祇園新橋の通りは両側にお茶屋が平入りの軒を連ねているが、白川南通りの方は、道沿いに白川の流れがあって、柳の並木が枝を揺らす中をかい潜り、流れに架けた橋を渡ってお茶屋に入る風情になっている。

何故ここだけが残ったのかは、三〇年ほど前、お茶屋の町並みを残す保存運動がここで始まり、国の「重要伝統的建造物群保存地区」に選定されたからである。この保存運動が活動していた時、そんなことをすると地価が下がってどうにもならなくなる、と言われたが、今ではそれとは逆に、地価はバアビル地帯より高くなっているようだ。希少価値が出たのであろう。

お茶屋の建物は二階の立ちが高く、一階の面とほぼ揃って立ち上がり、一階には紅柄格《べんがらごう》子《し》を取り付けるが、二階は手摺だけで簾《すだれ》を下げるのが定型だ。

二階の立ちが高いのは、二階に座敷があるためで、江戸時代に、通りに面した二階を禁じた御法度に違反するが、適用外の建物もあった。それは旅籠《はたご》と花街の建物で、二階を座敷にしなければ、役立たずになるため、適用を外したのである。

祇園新橋のお茶屋には、江戸時代からの建物も残っているが、それは二階禁止の適用外の建物であったがためである。しかし、昔の町並みには調和感があったのに、今の町に調和感が生まれないのは何故か。これは文化の退歩というよりないであろう。

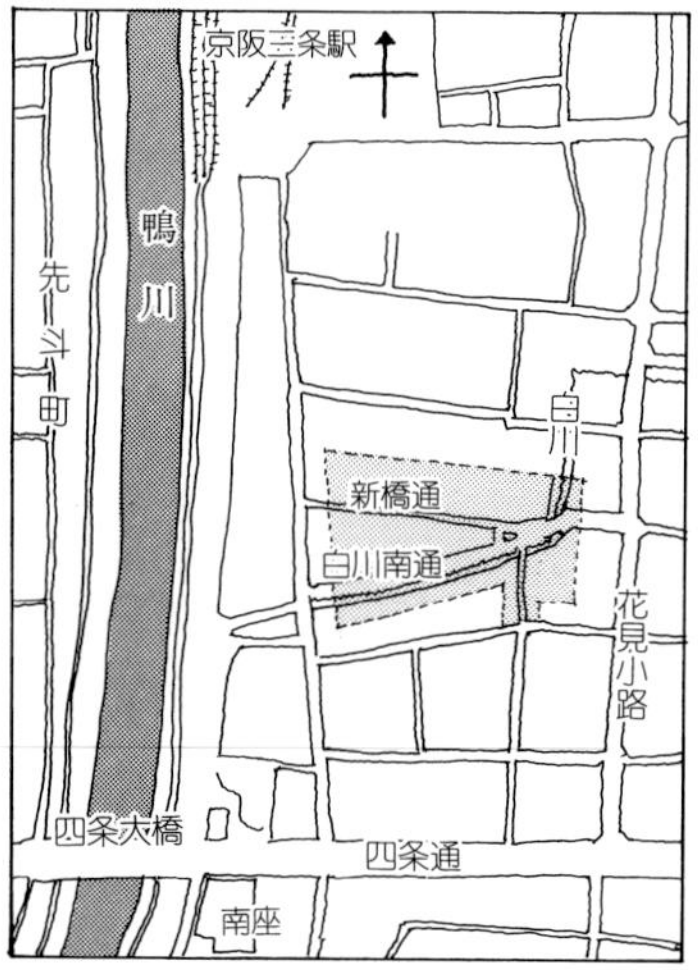

萬治郎
祇園
新橋

近畿

石塀小路は車が入らない石畳の路地の町

京都府京都市石塀小路

清水の産寧坂から二年坂のあたりは、いつも人で満杯のありさまなので、京都らしくていい所だとは思っていても、つい敬遠したくなる。しかし、霊山の鳥居から、円山公園にかけての高台寺道は、人は多いのだろうが、道が広いから、それがあまり苦にならない。円山公園から祇園さんに出るもよし、知恩院へ足を延ばすもよし、ともかくも、東山のこのあたり一帯は、京都の中の京都と言っても、誰からも異論が出てこないほど、京都に来た満足感が味わえるところだ。

その中身は何だろう。先ず山裾の樹林がある。地形に適度の高低差が分布している。格式ある社寺のさまざまな建物が存在する。美しい庭園がある。しかし、それだけでは親しみは湧いてこない。その間に町並みをなし、また点在する、小さくて可愛らしいが、数寄屋の味のある繊細な造りの、京風町屋がそこにあることが魅力なのである。

京都の町屋の造りが、他の町のそれと、間取りとか空間構成などの点で、大きく異なるところはさしてないが、それが京都らしく見えるのは、細部の造型が集積して醸し出す独特の雰囲気であろう。京風町屋という言葉を使ったのは、この雰囲気を表現したかったからだ。しかし、他の町で京風町屋を造ってみても、この雰囲気は造れないだろう。これもまた、京都という環境の中での集積が生む一種の幻覚と言ってもよい。

高台寺道と下河原町通りの間に、屈曲した路地がある。これが石塀小路だ。道が細いから車は入れない。人の足で磨り減らされた石畳の道である。路地を囲む家々は路地よりも少し高いので、路地の両側が石積みになっているところが多い。石塀小路の名の由来であろう。家々は言うまでもなく、京風町屋である。

通りから路地を覗いても、路地が屈曲しているので、先が行き止まりのように見えるため、通り抜けできないと思って、人はあまり入ってこない。車も入らないから、路地の空間はひっそりしている。

こんな町が理想の住宅地と言えるのではないだろうか。

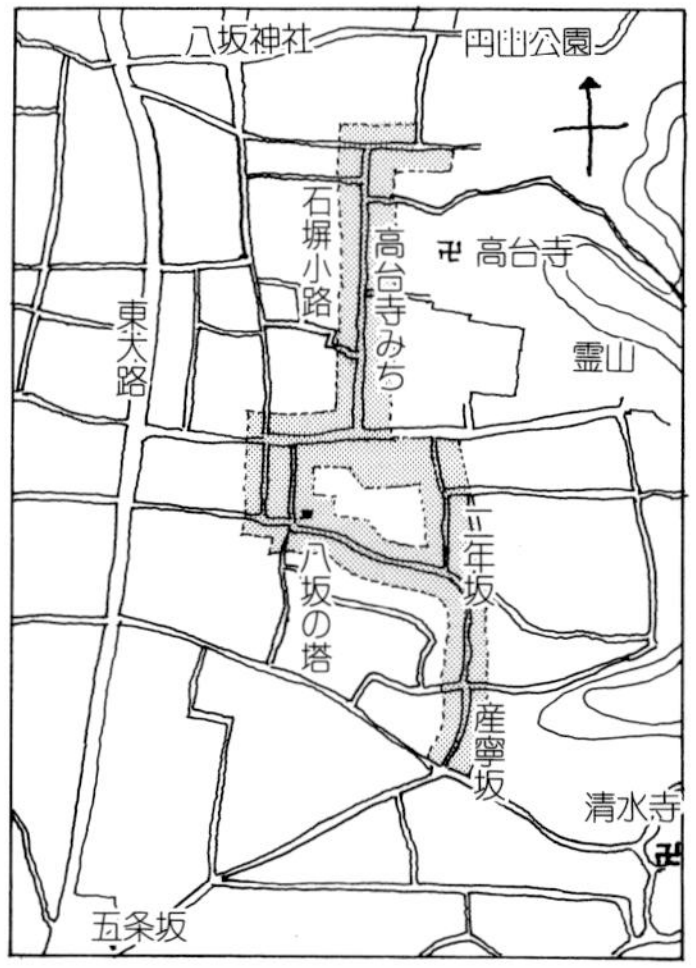

石塀小路

近畿

清流が流れる水路に面した土塀の町

京都府京都市上賀茂《かみかも》

この町も、他に類似した町はどこにもない、京都のみに見られる独特の町である。

「かぜそよぐ、ならのおがわのゆうぐれは、みそぎぞなつの、しるしなりける」

と、小倉百人一首の中にある歌の「ならのおがわ」は、この水路のことである。この水路は、上賀茂神社の境内を流れている楢《なら》川で、境内から出ると明神川と名を変えるため、この町のあたりは、本当は明神川だが、そんな細かい詮索は無用ということにしておこう。

この歌では「みそぎ」に注目したい。「みそぎ」は神道の日常的だが重要な行事で、罪、けがれをはらうため、川に行って、水で身体を洗い清めることである。神職にとっては、日常的な行事だから、一年中何時でも行わなければならないが、寒い時には辛くても、夏だったら行水のようなことになって、気持ちがよいだろう。この歌は、この町が神職の住む町で、暑かった日の夏の夕暮れ、風が吹く中での「みそぎ」の爽快さを、夏という季節の楽しさとして歌っているのである。

この町は水路に沿って神職の家が並び建っている。水路の向こう側だから、どの家にも橋があり、水路沿いの土塀の連なりの中に門があって、そこから屋敷に入る。入るとそこは庭、建物はその先にあるので、通りからは屋根しか見えない。

そこでまた「みそぎ」だが、この水路でやれば、路上から丸見えだし、屋敷から出てきてということになる。どこで「みそぎ」をしたのであろうか。それは屋敷内の庭を見たら分かる。庭には池があり、座敷の縁先まで伸びていて、そこに石組みがある。庭造りのしつらえに見えるが、実はこの石組みの場所で「みそぎ」をするのだ。池の水は水路の水が引かれていて、水路の水上から引き込み、水下から流れ出す仕組みになっている。池の水は溜まり水ではなく、流水の一部になっているから、常に清々しい水である。流水の入り口、出口は路の方からも、知っていれば分かる。うまい仕組みだ。歌に詠まれた「みそぎ」の様相は、町を歩いていて、聞こえてきた水音で、それと知ったということであろう。

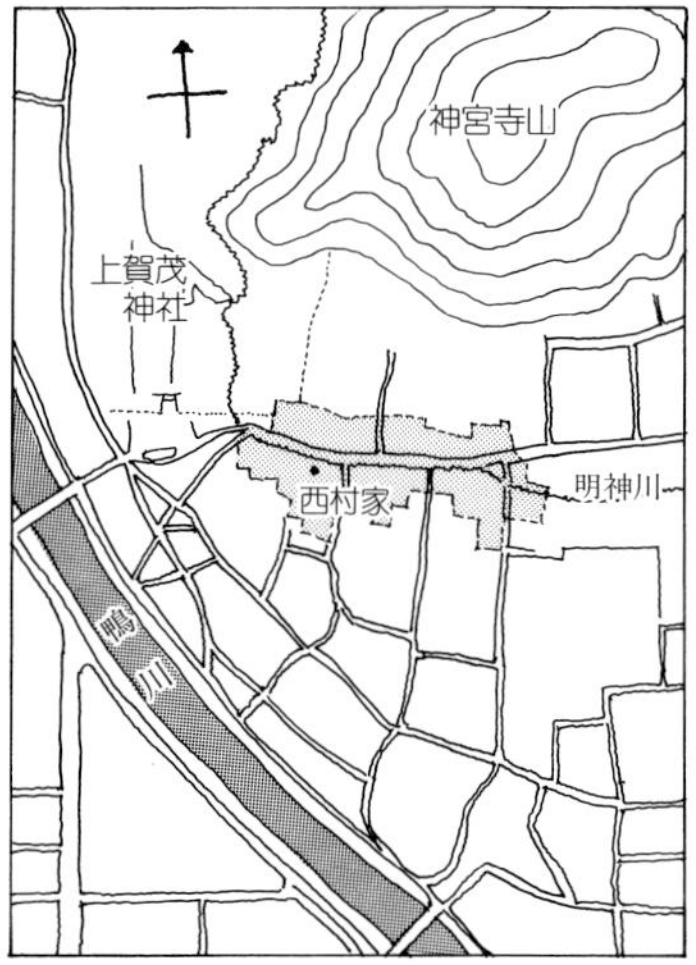

上加茂

近畿

雑木林と竹林の嵯峨野は京都の郊外住宅地

京都府京都市嵯峨野《さがの》

嵯峨野は、京都が都になって以来、千二百年にわたって郊外住宅地であり続けてきたと言ってよい。嵯峨野は農村とは言い難い。雑木林と竹林が、緩く波打つ地形の中の主体で、その隙間に畑があり、適度の空の広がりがある、といった風情である。雑木林だから、四季の変化が楽しめる。花、若葉、紅葉、落葉、枯れ枝、雑木林に差し込む陽射しも四季こもごもに変わる。竹林にも四季の変化があるし、とりわけ風の音を楽しむことができるのが竹林だ。濃やかな自然が嵯峨野にはある。これが嵯峨野を永年にわたって郊外住宅地として、都びとに愛されてきた主因であろう。

だから、嵯峨野に町並みを求めてはならないと思う。うねりながら多少の上り坂になって、愛宕山一の鳥居の門前に至る道の両側に並んでいる家々は、嵯峨野に観光客が蝟集するようになってできたものに過ぎない。観光客が減って立ち行かなくなったら、門前の茶屋を残して、後は消え去って少しも惜しくはない。

嵯峨野が郊外住宅地であった証しは、林の中にひっそりと建っている小さな草葺き屋根の家々である。それらは隠居屋であったり、わび住まいであったり、世捨て人の暮らしであったり、あるいは悠々自適の暮らしであったであろう。昔のことだから、郊外住宅地といっても、通勤者が住んでいる所と思ってもらっては困る。

例としては、落柿舎《らくししゃ》がある。俳人であった向井去来が住んでいた家である。嵯峨野に住むには持ってこいの、草葺きで素朴な田舎家だ。祇王寺はさらに古い時代の嵯峨野の家であろう。平清盛に寵愛された祇王が隠棲した家だ。苔が密生して盛り上がっている庭が美しい。滝口寺もある。平重盛の家臣だった斎藤時頼が出家して住んだ家である。祇王寺も滝口寺も草葺きの家である。

寺といわれていても、こうした家々は住宅だと思って見た方が正しい。田舎家のように見えていても、そこはさすがに京都だけのことはある。まさしく数寄屋で、茶室の趣を濃厚に持っている。

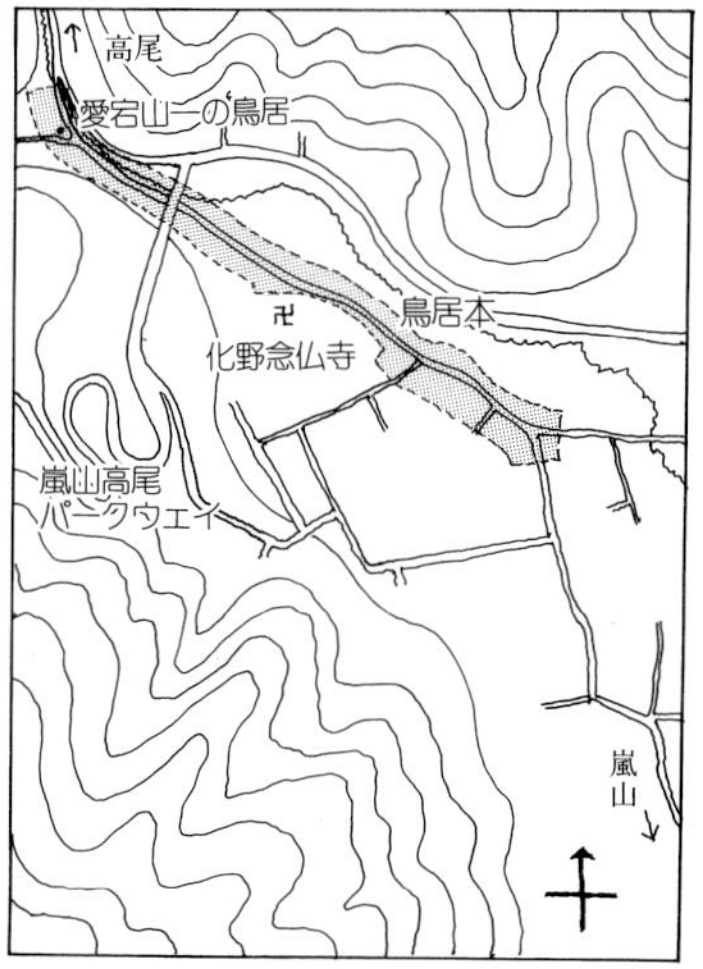

嵯峨野

京都ならではの造型美に感動する

近畿

京都府京都市醍醐寺《だいごじ》

これは町並みでもなく、民家でもないけれども、自然環境を切り取って、手を加えて庭とし、建物はさまざまな形をしているけれども、群体として絶妙の調和を持っている、京都ならではの造型美を、まざまざとそこに見たように思えたので、あえてここに一項を設けた。

場所は山科から少し先にある醍醐寺である。醍醐寺は豊臣秀吉の「醍醐の花見」で知られているが、壮大な書院造りの三宝院と、その前に広がる大庭園が、醍醐寺の数ある建物群の中で随一のものであろう。ここは秀吉が建立し、庭園は秀吉自らが縄張りしたと伝えられている。

しかし、建物も庭園も見事に造られていると言えば言えるが、あまりにも壮大過ぎて好きになれない。何やら、中心というものを置き忘れているように思えてならないのである。そこで所在なく、廻り縁を廻って、大庭園のちょうど裏側に当たる所までくると、次ページの絵に見る中庭の風景が目の中に飛び込んできた。見た瞬間、衝撃を感じたほどに感動した。なんという美しさであろうか。

中庭はその面積の半分ほどが池になっていて、角材を並べて固めた橋が掛かっている。池に片足を入れた柿板葺《こけらいたぶ》きの小さい建物が中心にある。これは多分、茶室であろう。躙《にじ》り口が見えているし、屋根が低い。その向こうには瓦葺きでむくり屋根の住宅らしい棟があり、その屋根の上に、土蔵とおぼしき漆喰塗《しっくいぬ》りの妻壁が覗いている。瓦屋根の棟はその向こうにもあって、その先は竹林が視野を区切っている。庭は池のために植樹は灌木程度だが、苔と石組みが主役を勤めている。

ここから眺めた風景は、息を飲むほどに美しいが、これは意図的に造られたものではないようだ。池のある中庭に仕立ててみたら、こうなりました、ということであろう。三宝院の廻り縁から見る高さが物を言っているのだが、これも計算されたものではなかろう。偶然性の中に造られる美が、本物の美なのかもしれない。

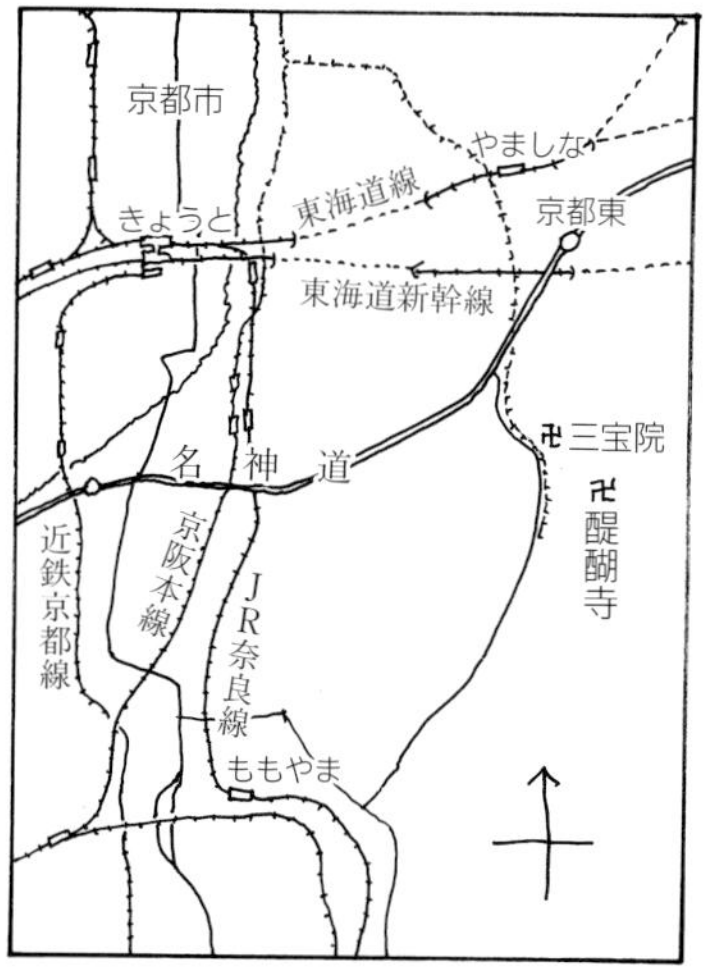

醍醐寺

近畿

草葺き屋根の群体を眺めて好個な美山の集落

京都府北桑田郡美山町《みやまちょう》北

美山は京都とはいえ、遥かな山中にある。京都から小浜に至る周山街道の、ほとんど中間点のあたりにある農村集落である。

開けた谷の中心を流れる川の両側には、水田や畑が広がっているが、そこには家はなく、集落は日だまりとなる山の南斜面に、石積みで階段状に棚を造って建っている。川沿いに走る道路上から眺めると、全集落の建物が積み重なったように見えるのが壮観だ。

集落の中は、階段状の棚の一段ごとに水平の小道があり、これを縦に繋ぐ坂道があって、集落の中を巡り歩いてみると、土地の高低差で、さまざまな角度から、家と集落を見ることができるのもよい。歩いていると、あれ、ここは先程通ったところだ、というようなことがしばしば起こる。

各戸の家は、棟を棚の方向に向けた入母屋型の屋根で、角材を使った千木《ちぎ》状の棟押えが使われている。入母屋の妻の煙り出しの部分の意匠が、どの家も違っているのは、それぞれに創意を凝らしたのであろう。間取りは南側を座敷列にして、北側に土間といろりのある板敷きの間を取っている。屋根架構はサス組みではなく、オダチ組みになっているのが家の古さを示している。

このあたりで、草葺き屋根の家を最も多く残しているのが美山の北集落だが、そのあたりの村々を走り廻ってみると、数は少ないが、草葺き屋根の家があちこちにある。京都の北西部というのは、草葺き屋根の残存率が相当に高い。総じて言えば、これらの家々は東北あたりの民家に比べて、家の規模が小さく、必ず入母屋型というのが特徴であろう。農家ながら、京都に近いということから、雅《みやび》さを感じさせる造りになっている。

都会からの移住者もかなりいる。芸術家が多いようだ。都会の中にいるよりも環境がよい。仕事をするスペースに困らない。伸び伸びと仕事ができる。車を走らせば京都まで、それほど遠くない。この人達を新しい村人と言ってよいであろう。

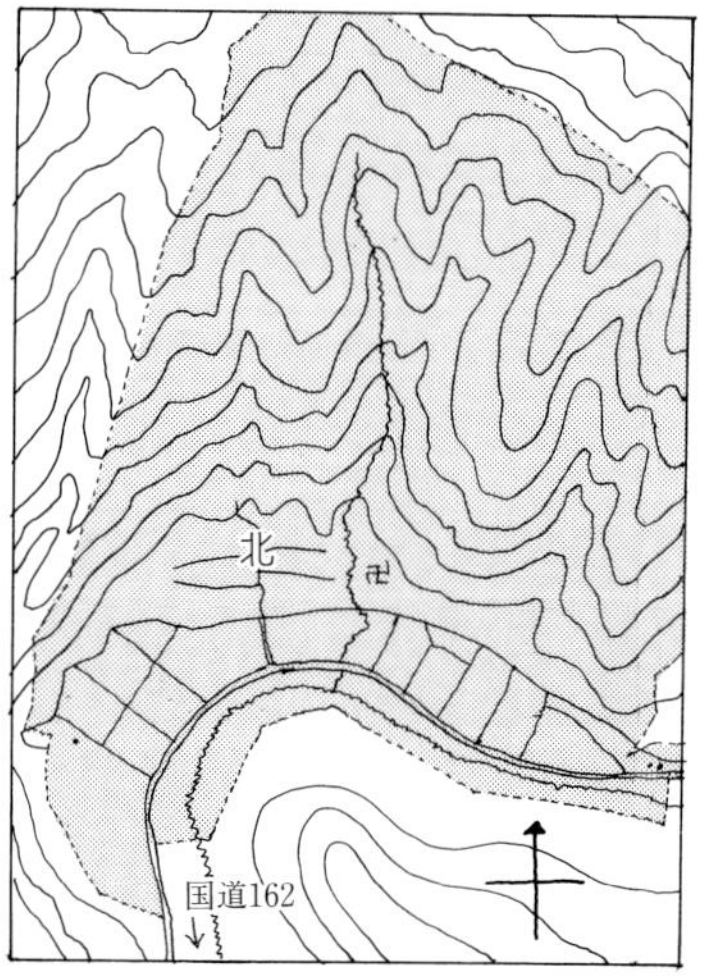

美山

近畿

珍しい海に面した舟屋の町並み

京都府与謝郡伊根町

伊根はこの頃、頓《つと》に知られてきた。湾内の岸辺が、四つん這いになって両手を水の中に立てているような姿の家で取り巻かれている、特異な伊根の風景が知れ渡ってきたからだ。

この家を舟屋《ふなや》という。舟屋は二階建てで、一階は舟を引き入れるため、海に対して開け放しになるが、二階には居室がある。海に対する間口は、舟の幅の一倍半か二倍程度なので、ほとんど同じ間口の舟屋が海に面して立ち並ぶため、特異な風景になるのである。

したがって、この風景を眺めたいと思ったら、舟に乗って眺めるのが最高だ。伊根湾は湾内の岸辺が細かく入り組んでいるので、対岸から眺めることもできるが、舟屋が隙間なく並んでいるため、眺められる所はどうしても限定されてしまう。

伊根に類した所は、他には全くない。何故であろうか。太平洋側にないのは、波が荒いため、海辺には岸壁を必要とするからだ。日本海側でも同様だが、伊根湾は、外海に出るところに島があって水路が狭まり、外海が荒れても湾内は波静かだから、こんな家の建て方もできたのである。日本海側は、潮の干満の差が少ないことも見落とせない。これらの条件を満たす所は、伊根以外になかったということであろう。

以前は伊根に来る時、宮津と伊根の間に定期船が走っていたので、舟が着岸する前、舟屋の並ぶ風景を眺めながら来ることができたが、残念なことに廃止され、今は宮津からバスや車で来るよりない。しかし、バスも車も集落の入り口が終点だから、後は歩くことになる。

集落に乗り入れできないのは、道路が狭いからだ。湾の岸辺に沿って、曲りくねって走る一筋道だが、その海側が舟屋、山側に母屋がある。昔は道はなく、家から出る時は必ず舟に乗った。母屋と舟屋の間は各家の庭だったのである。どうしても道路がほしいと思った時、道路用地がなかった。母屋の背後は切り立った崖であった。止むなく、各家の庭を横に繋いで道路にした。こんな次第で造られた道路なのである。

伊根

奈良が三つ重なる奈良町は奈良の代表格の町

奈良県奈良市奈良町

奈良は気の毒な町である。大阪にも京都にも、電車に乗れば短時間で行ける位置にあって、それでいて、農地や社寺仏閣の緑の空間が広く、しかも古都というステータスもあるという、大都市から見れば、うってつけの住環境があった。だから、奈良は京大阪の絶好の住宅地と見なされ、デベロッパーの住宅地の開発が相次ぎ、ハウスメーカーが造る国籍不明の家々が建ち並ぶ町になってしまったのである。

奈良郊外の社寺仏閣は、もちろんそのまま残っているけれども、その周囲にあったのどかな田園風景は消え去り、社寺仏閣のエリアから一歩でも外に出れば、大都市の新しい住宅地の様相という、悲しさを通り越して滑稽とも思える珍妙な風景が、奈良市周辺の風景の定型になってしまっている。

奈良にとってこれは由々しいことである。アイデンティティの明らかな侵害だ。しかし、そのことに気付くのが遅過ぎたけれども、奈良の中心部の町屋が密集している部分では、開発できずに、昔ながらの町並みが残っているところがある。今、奈良に行くと、奈良町はこちら、と表示されているのを目にするであろうが、これが奈良が自ら、わがアイデンティティを守ろうとしている最後の一線なのである。

奈良がそのことに気付くのが遅過ぎたのは、奈良には名所旧跡がゴマンとあって、昔から押しも押されもしない観光地であったからだ。だから、観光客を呼び込みたいなどということを考えもせず、あぐらをかいていた、と言われても、うなずくより他に返答はないであろう。今、奈良町を保存して奈良散策の道にしようという施策で、前にはゴミのように思われていた町が、奈良を代表する町並みであるとの、お墨付きを頂戴したのである。

しかし、奈良町を観光の町にすればよいというものでもないと思う。奈良町は奈良で最も大切な住宅地であるという視点が必要なのではないか。奈良の全地域がテーマパークになってしまったら、これは町とは言えなくなるからである。

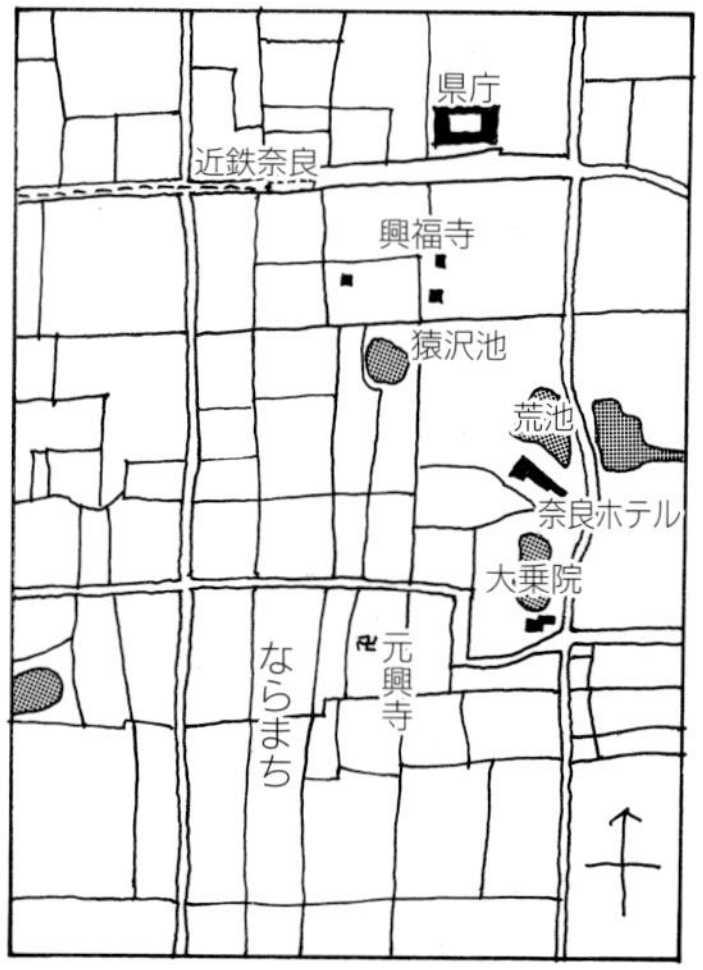

ならまち

重要文化財民家がこれほどある町は他にない

奈良県橿原《かしはら》市今井

今井は、今は橿原市の一部になっているが、ここは室町時代末期の頃から、れっきとした独立都市であった。今は埋め立てられてごく一部を残すのみだが、町の周りに堀を巡らした、城塞都市とも言える構えの町であった。この種の町は他にもあって、環濠《かんごう》集落と呼ばれている。

何故、環濠集落が必要とされたか。それは室町時代末期の中央政権の弱体化に起因する。各地で一種の独立運動が巻き起こってきた。一向一揆などもその例である。戦国時代はこうした騒然とした状況の中で始まった。町は自衛しなければならない。環濠集落は、こんな世相の中に誕生したのである。

今井は一向宗の門徒が称念寺を囲んで造った環濠集落である。この種の町を寺内町《じないまち》というが、今、寺内町の面影を残す町は、ここ今井と後述する富田林のみである。一向宗門徒と武士との抗争は、大阪城の位置にあった石山の本願寺と織田信長との戦いで終わるが、この時、今井は織田軍の一翼である明智光秀の軍と戦い降伏した。しかし、何の咎《とが》めもなく、自治を継続できたのは、多分、多額の献金であったと思われる。

「大和の金は今井に七分」と言われるほど、今井には財力のある町人が集まっていた。自治の体制は、当初は称念寺の住職を頭とする、三人の惣年寄りの協議で行われていたが、やがて寺の支配を脱して、有力町衆の協議による体制へと変化した。これも財力のある者が人を動かすということなのであろう。今井では「今井札」と呼ばれた銀の貨幣さえ、通用させていたのである。

今井は重厚な塗り家造りの町並みを連ねている。その中に重要文化財に指定されている民家が八棟もある。こんな町は他にない。

しかし、今、住んでいる人が昔の今井の住人の後裔とは言えないようだ。借家住まいが多いという。このことは、自己所有していなかったから、ここまで残ってきたということか、とも言えるのかもしれない。

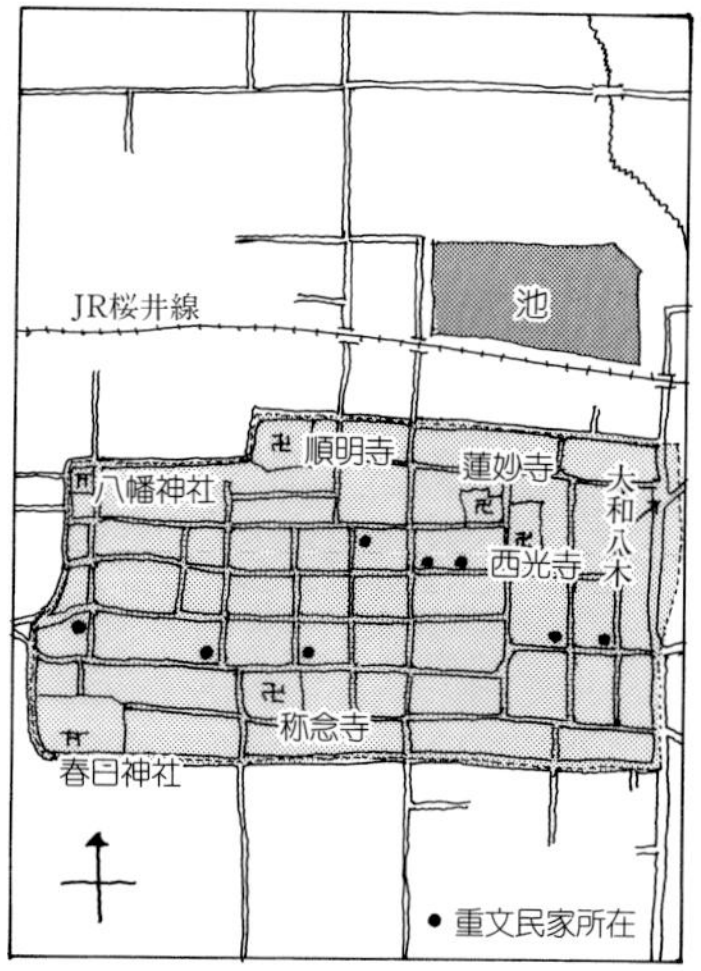

近畿

町の門が二度裏表を変えた大宇陀の町

奈良県宇陀郡大宇陀町

大宇陀は吉野山に近い山襞《やまひだ》の中の小盆地にある。大和八木から東へ、名古屋と伊勢方面に向けて走る近鉄電車の山間の小駅、榛原《はいばら》が、大宇陀からの鉄道利用で最も近い駅である。こう書いてくると、大変な山奥のように思われるかもしれないが、ここは伊勢みちと呼ばれた街道の町で、伊勢でとれた魚は二日目には大宇陀に着き、三日目に奈良に着いたという。伊勢みちは、伊勢への最短距離を行く街道であった。明治になると、ここに郡役所が置かれた時期もあった。これもここが重要地点であったことを物語っている。

江戸時代、大宇陀は城下町であった時代もあった。今の市街地は拡散しているが、古い町は、城のあった山の山裾と小さな川の間の一筋道にある。古い町にはこの川を渡り、黒門という町の門から入る。小さい川だから橋も短く、一〇メートル足らずしかないが、この橋を大橋と呼んでいる。橋の方が気恥ずかしくて小さくなっているようだ。

黒門は橋を渡った左手にある。門を入ると道はすぐ右に折れ、少し行くとまた右に折れ、また少しで左に折れて町に入って行く。橋を渡ったところから、コの字型に歩かされるわけだ。これは防衛上の処置であるのだろう。

しかし、山の上の城が破却されて、川の向こうに城館が築かれた時期があって、その時、黒門は裏表の向きを逆にしたという。門は城のある方が内部ということになる。

明治になって城館がなくなると、黒門はまた逆転して、今度は正真正銘、町の門になったという。門の向きを変えるのは、意外に容易なことなのかもしれないが、武士が造った門が、いつしか町の人達の物になったという過程がおもしろい。

町には「天寿丸」と書かれた、飾り屋根の付いた古風な看板を押し立てた薬屋がある。その先には、将軍家指定の薬草園を奥にした、吉野葛《くず》の店がある。吉野葛は葛粉の名品だが、葛の根から、葛根湯という漢方薬もできるのだから、葛粉の店に薬草園があっても不思議ではない。最盛期には、この町に製薬商が八軒もあったという。

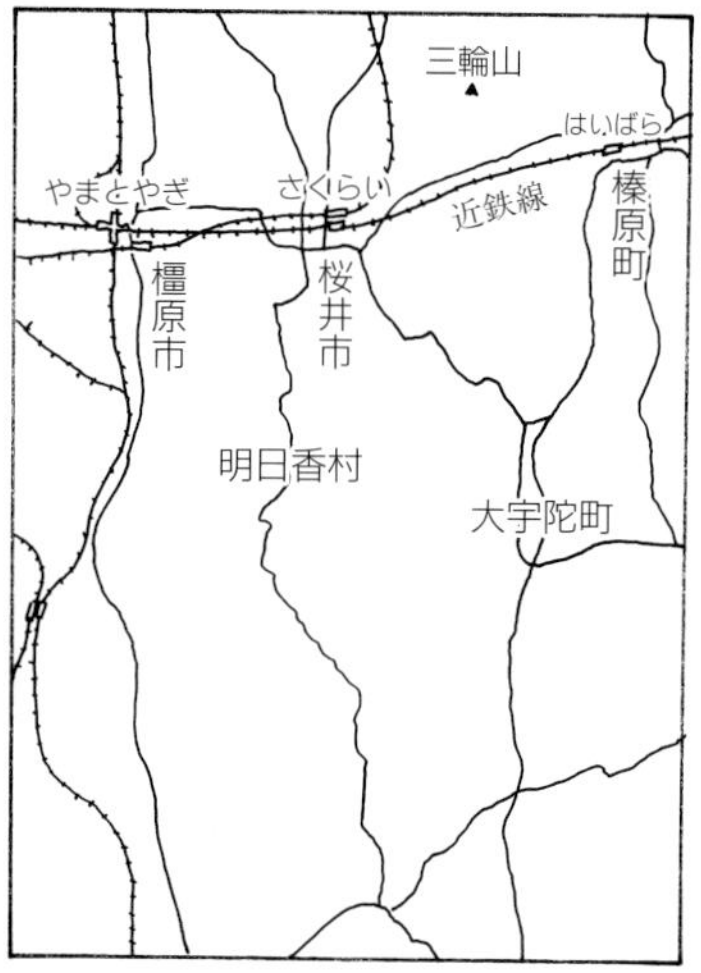

TOSHIBA

近畿

竹の内街道は日本の国道第一号

奈良県北葛城郡当麻町《たいまちょう》

当麻町は、奈良県と大阪府を区切る、金剛山から葛城山へと連なる山脈の、奈良側の裾野にある町だ。それよりも、当麻寺があると言った方が、分かりやすいかもしれない。奈良時代に建立された古刹で、天平時代の三重の塔が二つ、東塔、西塔として立ち並んでいる。お寺の説明よりも、ボタンの寺と言うべきであろうか。四月末頃の花の見頃には、花を見に大勢の人が訪れている。

当麻寺のあたりからは、東から北にかけて奈良盆地の広がりを眺め渡すことができる。畝傍《うねび》山、耳成《みみなし》山、香久《かぐ》山の大和三山がその中に小さく見えている。最も近い山裾の部分が明日香だ。奈良の平城京に遷都する前は、ここに都があった。遥か古代に想いを広げることのできる眺めだ。

当麻町から西へ、竹の内峠を越えて、河内へ行く道がある。竹の内街道と呼ばれるこの道は、今は何の変哲もない道だが、古代、明日香に都があった時代には、難波に行く重要な道であった。難波は港だから、大陸に向かって開かれた日本の窓口だったと言ってよい。そこと都とを結ぶ竹の内街道は、当然、最重要の路線となる。古代においては、国道第一号の路線だったのである。

とはいうものの、今、その面影を追ってみても、徒労も終わることは疑いない。しかし、見るべきものはある。それは大和棟《やまとむね》造りと呼ばれる民家形式を持った家があることだ。大和棟造りは、草屋根の部分と瓦葺きの屋根とが合体したような姿をしていて、日本の民家の中で、最も美しい民家形式と讃える人がいるほど、完成された形をしているが、以前は奈良盆地一帯で見られたけれども、今はもう数えるほどしか残っていない。それがここでは数棟みられる。

大和棟造りは、河内平野にも、数少ないながら分布していた。これを、大和からこぼれ出てきたと見るなら、竹の内街道がその出口だったのであろう。そんな思いも重ねられる竹の内街道だ。

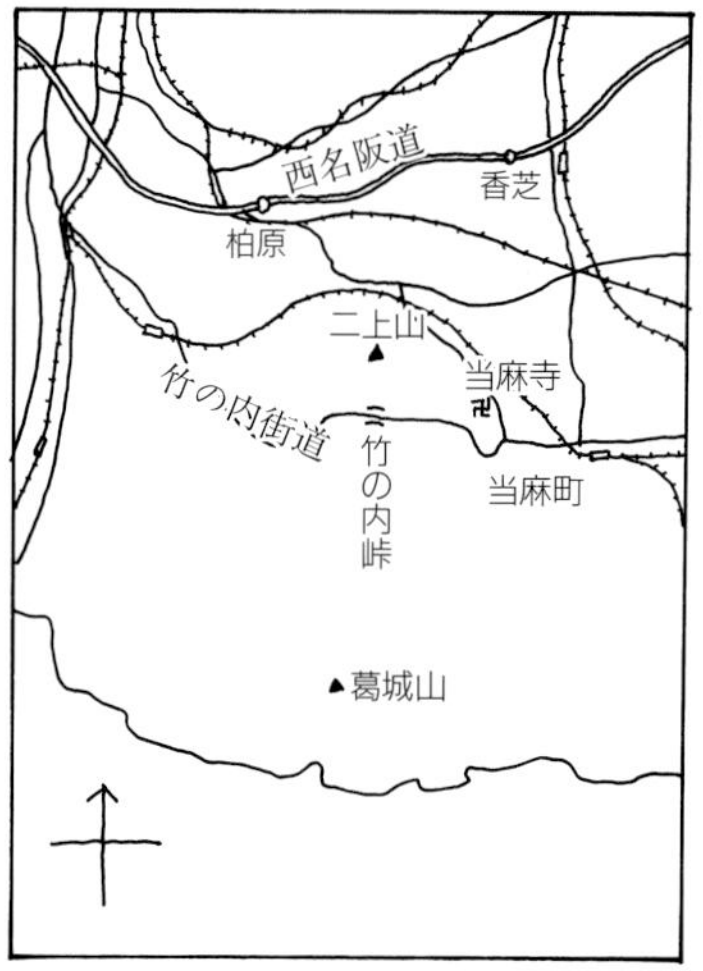

竹の内街道

近畿

富田林御坊の寺内町だった広壮な町並み

大阪府富田林《とんだばやし》市

今井の項で既に述べているが、今井と並んで残っている寺内町《じないまち》が富田林である。ここも今は市街地の中に埋没しているし、昔、町を取り巻いていた環濠は埋め立てられて痕跡もない。しかし、町を歩いていて、一歩、昔の町の部分に足を踏み入れただけで、町並みの様相がガラリと変わる。寺内町の存在は今なお、明確に指摘できるのである。

富田林は、一向宗の興正寺の建立と同時に町が誕生した。織田信長の京都上洛の頃である。興正寺は富田林では御坊《ごぼう》と呼ばれていて、他の諸寺よりも別格と認識されているようだ。富田林のこの時の町づくりは、近在の村々の庄屋、地主など、富裕な階層の人達と、各種の職人を集めて町にしたと伝えられている。町は徐々に問屋町の性格を強めてゆき、商業町へと町の性格を固定していった。

商いの中心は木綿だったのである。綿の栽培が江戸時代初期の頃、爆発的に普及したことは、有松の項で既に述べているが、河内平野の綿作は「綿作五倍」と言われた。米の五倍稼げるという意味だ。水田が見る見るうちに綿畑になってゆき、地主が年貢米が激減するので大慌てした話が伝わっている。

事のついでにふれておこう。綿はとんでもなく肥料を食う作物だったので、金肥《きんぴ》といって、鰊《にしん》などの魚を肥料にしたという。金を使っても五倍稼げるなら、充分、引き合ったのであろう。難波の港から瀬戸内海を通り、下関から方角を変えて日本海を進み、北海道までを往復した北前船が、北海道から多量の鰊を運び込んだのである。鰊は今は高級魚の値段になっているが、それは収穫量が激減したからで、その原因はこんなところにあるのではないか。

富田林は綿作農地の中心にあった。綿が売れれば売れるほど、金が転がりこんできたのであろう。富田林の町並みに見られる、塗《ぬ》り屋《や》造りの広壮な町屋と、堂々たる規模の土蔵群は、この時の産物と思って間違いない。掘り起こしてみると、世の中には、とんでもない因果関係があるものだ。

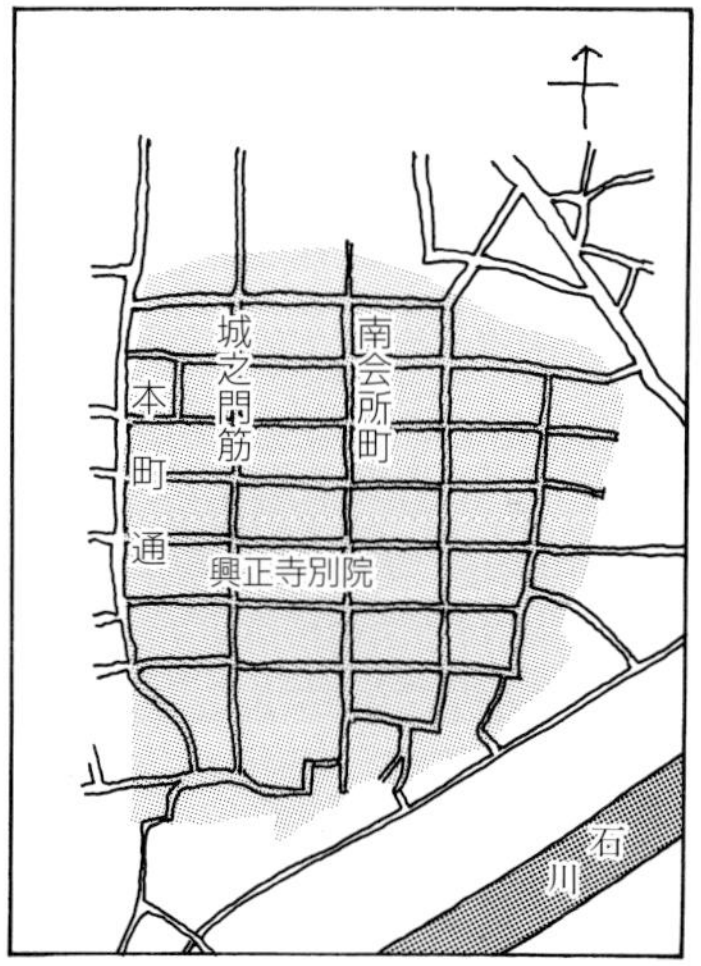

堺筋
富田林

近畿

屋敷内に能舞台があることに一驚する

大阪府岸和田市

岸和田の城の天守閣は、昔のままのものだと思い込んでいたが、江戸時代の中期に落雷で焼失してなくなり、現在の城は昭和二九年、市民図書館ということで建てられたという。戦災で焼失したのでもないのに、戦後になって割合早い時期に再建というのは、天守閣なしの長い間、岸和田の人達は城が欲しいと思い続けてきたからであろう。

天守閣を昔のままと錯覚していたのは、堂々たる規模の石垣や堀が昔のままに残っていて、形のよい松が亭々と枝を張った林が、天守閣を木の間隠れに見せているという、まことに好ましい添景の中にあるからだ。

堀の西北面に沿ってやや広い道路が走っているが、これに片側の背を向けて、平行している道が本町筋の町並みである。長さは二キロ少々ほど、その端部で道が屈曲しているのは、昔の桝形《ますがた》の痕跡であろう。本町筋は城下町時代の町の中心であり、この道は紀州へと通じる街道でもあった。

本町は完全に直線の町である。岸和田の祭りは豪勢な「だんじり」を威勢よく引き回すので、「だんじり」は壊れるやら、人は怪我するやらで知られているが、本町の真っ直ぐの道は「だんじり」を引くにはうってつけであろう。町並みをなす家々はおおむね塗り屋造りで、つし二階建て、黒漆喰《しっくい》塗《ぬ》りだから、少々鬱の印象だが、住んでいる人達は明るく威勢がすこぶるよい。

昔からこの町には、裕福な町人の旦那さん達が住み、商いしていたのである。関西の男衆は、慨してよく口が廻るから、旦那衆が集まったりすると、賑やかなことであったと想像できる。しかし、そんな上辺だけでなく、芸ごとなどの素養もしたたかに身に付けていたに相違ない。あるお宅に伺った時、屋敷の中庭に本格的な能舞台があって、腰を抜かすほど驚いたことがある。大正六年の作であるという。さらに驚いたのは、この家の方々は皆、能を舞われるという。ゆとりある暮らしを楽しんできた、町人文化の伝統を見る思いがした。

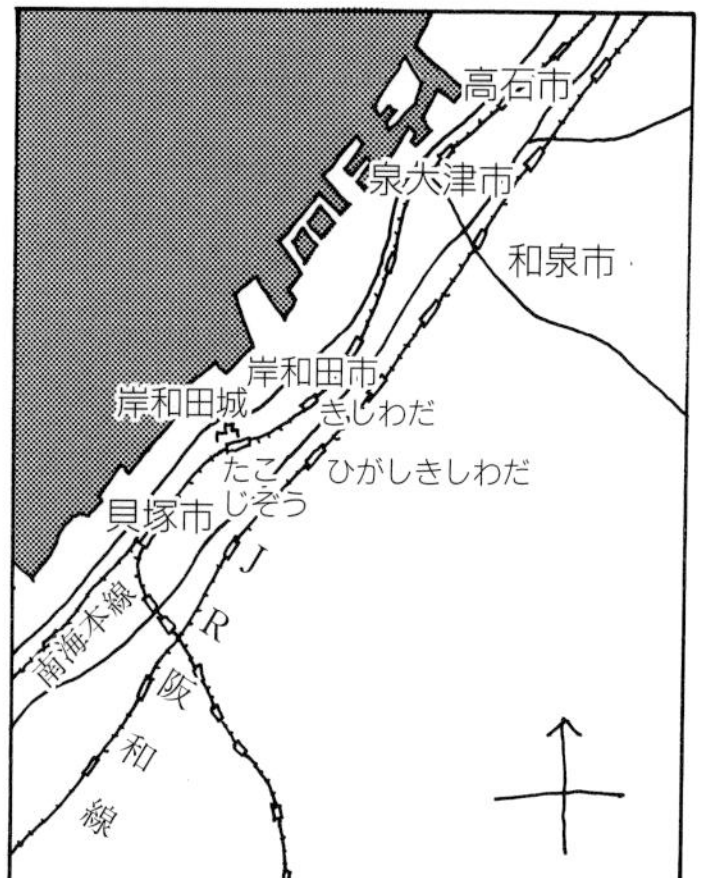

岸和田

近畿

山の手のバンガローだった明治西洋館建築

兵庫県神戸市北野町

日本の町で、古い西洋館が多く残っているところは、函館、横浜、神戸、長崎だが、これは幕末に、日本が開国した時、外国船を受け入れるための開港場となった町である。

それ以前から、函館は対ロシア、長崎はオランダの開港場としてわずかに開かれていたが、それらは江戸や京・大坂から遠いから、無難と思われていたからに相違ない。幕末に開かれた横浜は江戸、神戸は京・大坂を背景にした、本格的開港場と見ればよい。

こうした開港場では、外国人居留地を港のあたりに設けたが、商館などを建てれば、居住地としては狭隘に過ぎたようだ。どこも雑居地と称して、日本人の住む町へと居住地を拡大した。面白いことに、雑居地はどこも山の手であった。海近くよりも高爽で住んで快適ということも、彼等の選択の要素としてあったであろう。

欧米の人達にとって、日本は南国のように映っていたのではないか。彼等の植民地は概ね南国であり、そこでの生活は、本国での石造や煉瓦造の建物ではなく、南国風の木造バンガローが造られていたが、そのことは日本でも同様であった。神戸にいたある外国人が本国に宛てた手紙には、「今、山の手のバンガローに住んでいます。ここからは港が一望でき、眺めは絶佳です」と書かれているのがある。

南国風木造バンガローの特徴は、なんと言っても、二階に設けられたベランダであろう。暑いところで、日陰で風に吹かれてくつろぐというのは、南国暮らしの醍醐味だと考えていたのであろう。ところが、日本の国は決して常夏の南国ではなかった。夏は確かに南国的であったが、冬の寒さが身に染みたはずだ。そこで彼等は、ベランダをガラスで囲い、冬には温室になるような改良を加えた。残されている明治西洋館には、そんなことを伺わせる痕跡が残されている。

これら四カ所の開港場に限らず、明治の西洋館には、日本人が建てたものにも、この二階ベランダがどこにも見られる。日本人は、西洋館とはこのようなもの、と考えていたように思われる。

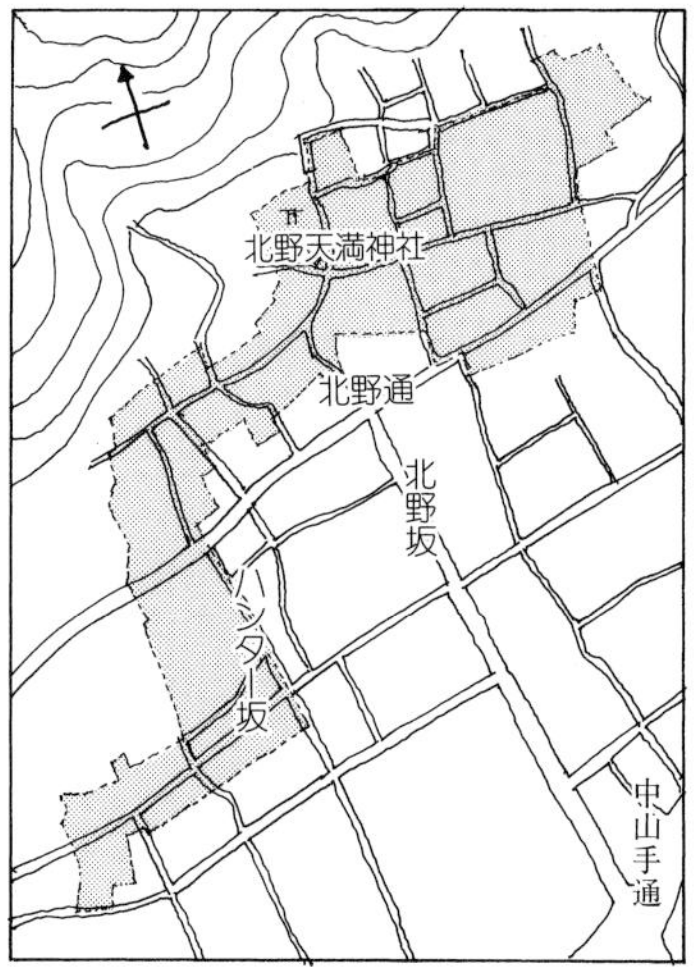

神戸

近畿

川面に土蔵と川座敷の町並みを映す川港の町

兵庫県佐用郡佐用町平福《ひらふく》

ＪＲ姫新線というのは、姫路から中国山地の中を西に走って新見に至る鉄道だが、中国山地という、どこが日本海側と瀬戸内海の境目か判然とせず、あまり高からぬ山と小盆地、大きからぬ川の流れの眺めが、とめどなく繰り返される。その途中で兵庫県が尽きた所に佐用という駅がある。平福はここから北、三キロほどにある。

こんな説明よりも、今は中国道の佐用インターを出ると言った方が分るのではないか。この高速道路は、何しろ佐用の駅と平福の間にクロスしているのだから、鉄道利用などよりはるかに便利に平福に行ける。

平福の町は小さいながらも問屋町であった。町の一筋道は、鳥取への街道でもあったが、この町を問屋町にしたのは、道と平行して東側に流れる佐用川の舟運にあった。川に舟を浮かべて物を運ぶ舟運は、鉄道や車がない時代の運送手段の主座を占めていたと言ってよい。したがって、町の昔の姿を推し量ってみる場合、舟運を軸に想像を巡らすのは、極めて妥当な方法となる。その頃の暮らしや社会構造にまで思いが至るはずである。

舟運は、川の上流から河口に至るまでの間に、小舟から順次、大船へと荷を積み換えてゆく。その積み換え場所に川港ができ、問屋町ができる。平福はそうした町であった。

だから、平福の町を眺めるのは、佐用川の対岸から、川に沿って並んだ町裏の姿が最も適切だ。ここがまた、絵になる風景なのである。川縁は石積みになっていて、建物はその上に建っているが、石垣に穿《うが》たれた出入り口が、舟からの、また舟への荷を運んだところだ。絵になるのは、土蔵の壁が適度に剝《は》げ落ちていて、その姿に面白みがあるのが大きなポイントだ。突拍子もない連想だが、イタリアの古い町の印象にも近い。平福でも保存に力を入れているが、綺麗に塗り直すと面白みがなくなるし、さりとて壊れかけた壁をそのまま保存するのは至難の技なのであろう。川に面した建物は土蔵だけでなく、川座敷と呼ぶ、上等の部屋を取った建物もある。ここからの眺めは、平福に住んでいてよかった、ではなかったか。

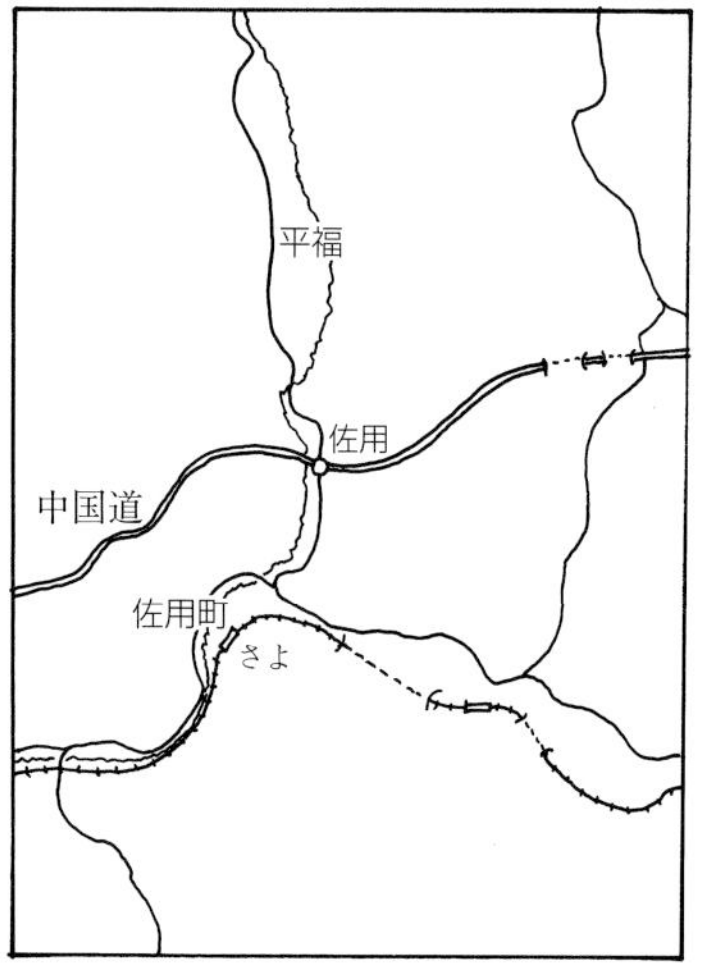

平福

近畿

瀬戸内海の海の街道町であった「室津千軒」

兵庫県揖保《いぼ》郡御津《おつ》町《ちょう》室津《むろつ》

古来、日本の交通路は、京の都から東国は陸路、西国は海路が主軸であった。天下の五大道と言われた街道は、全て東国にあって西国にはないが、西国においては、瀬戸内海が大道であったのである。大陸からの文物もこのルートから持ち込まれた。ちなみに、瀬戸内海から京都へは、淀川、宇治川、高瀬川と順次遡ることで、舟でゆくことができた。

室津は瀬戸内海の天然の良港である。その条件は、入り込んだ湾内にあって、波風から守られていること、それから、湾を取り巻く地形が急峻で、湾の水深が深いことである。水深が充分でないと、大型船が接岸できない。室津はこうした条件を適えた場所であった。しかし、そうなると、天然の良港というのは、家を建てる場所が狭少ということでもある。したがって室津もそうだが、道は狭く、建物は密集して建ち、今でも車を乗り入れることができない。

東国は陸路だから、参勤交代も陸路、宿場は本陣が一つだから、大名行列がその宿に泊まれば、後一つの大名行列がくれば泊まる所がない。こんなわけで、大名が同一宿場に泊まり合わせるということはなかったが、街道が海路ではそうはいかない。宿場の数が陸路ほどにはないからである。室津では、本陣がなんと六軒もあったのだ。室津はここから陸路に換えて、姫路にゆく道の起点でもあった。

室津がかつては、殷賑《いんしん》を極めた町であったことが想像できるであろう。「室津千軒」という呼び名は、こうした町の殷賑ぶりから生まれた言葉であるだろう。したがって、宿場に付き物の遊女も多かったらしい。「この津の遊女八十七人有しを」と書かれた記録もある。

町の崖下の台上に、室津山見性寺という寺があって、ここに、遊女の開祖の墓というのがある。この墓石のかけらを持っていると運がつくと言われていたようで、墓石は小さくなってしまっている。

しかし、遊女に開祖というものが存在するのであろうか。

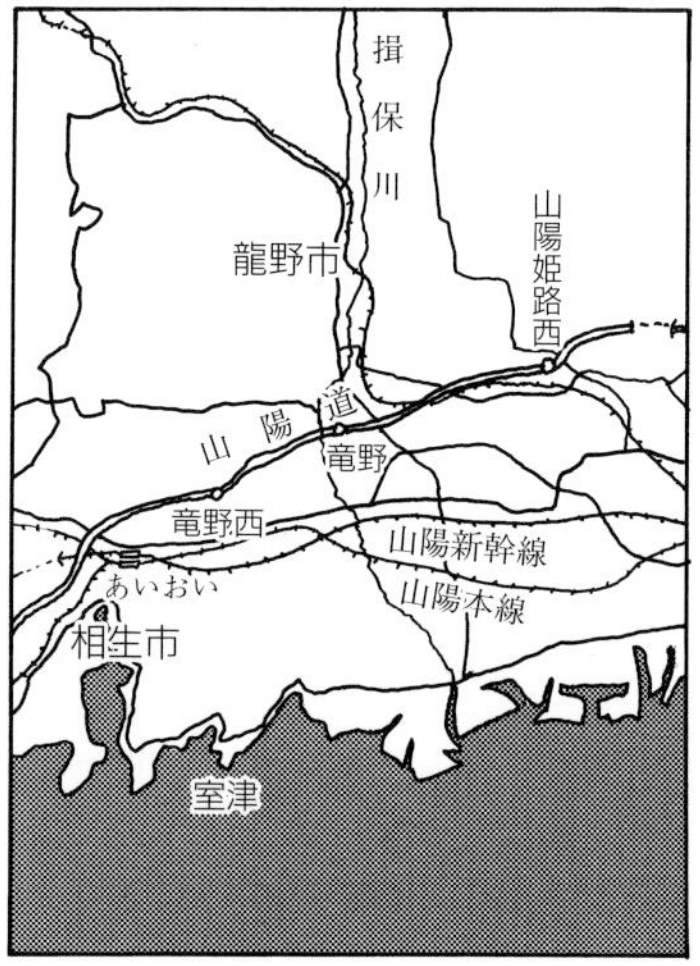

室津

中国

岡山県倉敷市

倉敷は実は瀬戸内海の海港であった

倉敷で最も美しいところは、と言えば、ほとんど八割以上の人が「お堀の周りの町並み」と答えるであろう。両岸を石垣で固めた水路の縁に、柳の並木を配した通りが沿い、途中でくの字に曲がって続く。ここの景観はやっぱり素晴らしい。倉敷に観光に来た人は、必ずここにくるが、いかに大勢の人がいても、さして苦にならないだけの広さがある。

この水路は「お堀」と呼ばれたとしても致し方ないであろう。全く水が動いていない溜まり水だから、誰が見ても「お堀」にしか見えないが、これは倉敷川と名付けられた川であり、海に注ぎ込む部分を入り江として、瀬戸内海を往来した船をここに引き入れる海港であった。倉敷に土蔵が数多く建ち並んでいるのは、この町が超一流の問屋町であったことを物語っている。船と土蔵の間は、荷を運ぶ人達が激しく行き来していたであろう。この水路が海港でなかったとしたら、問屋町としての倉敷はなかったのである。

ここが海港であったことの証拠が残っている。町並みの背後の鶴形山の上に、阿智神社という神社があって、幾つかの社殿が散在しているが、その中に一つに、社殿とは何の関係もない木造の舟灯台が立っている。これは夜間、倉敷の港に入ろうとしてくる舟を誘導する灯台であったのだ。今では干拓が進んで、山から見下ろしても海は見えないけれども、かつては海はつい鼻の先に見えていたのである。

阿智神社の名前が出たところで、ついでに説明しておくと、阿智は阿知の転化で、阿知というのは倉敷の古名である。古代、神宮皇后が軍を筑紫に進めた折、阿知の港に立ち寄ったという伝説が伝えられているが、倉敷は古代にまで遡ることのできる古い歴史を持つ海港であった。

これは舟灯台と関係があるのかないのか不明だが、阿智神社の拝殿の天井に、干支を方位にした羅針盤が下向きに取り付けられている。船の航行に羅針盤が不可欠と思えば、これも海港ならではの証拠品と言えるのかもしれないが、瀬戸内海を航行する船に羅針盤が付いていていたのかどうかはあやしい。

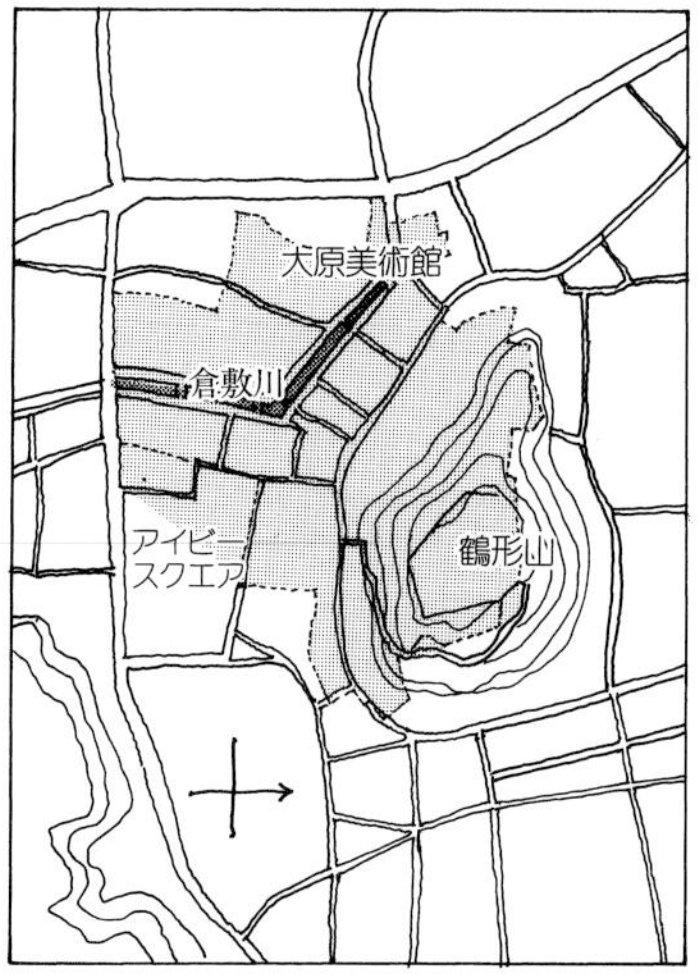

倉敷

中国

瀬戸内海横断航路の港町だった下津井

岡山県倉敷市下津井

倉敷から南へ、丘陵性の半島が瀬戸内海に突き出している。半島の海際は切り落としたような断崖になっていて、海を眺めながら走るドライブウェイが半島を巡っている。半島の先端あたりで下を見下ろすと、崖下のわずかな平地に家が密集していて、海を抱え込んだ突堤の中には漁船がひしめいている。ここが下津井の町である。

断崖の隙間を縫って下る急勾配《こうばい》の道がある。下り切ると町に入るが、ここも天然の良港の常として、道は狭く、家々は庭を取るすべもなく、高密度の町であった。海岸線の屈曲に沿って、一筋道がうねって続く。塗《ぬ》り屋造《やづく》りあり、土蔵造りありで、屋根瓦も本瓦葺《ほんがわらぶ》きの古風な造りが多い。しかし、崩れの目立つ家がかなりある。ここも町の行く先が見えないままに、空き家が増えているようだ。

陸の街道に宿場があるように、瀬戸内海は海の街道だから宿場があった。上方の方から順次述べると、先ず、室津、次に牛窓、そして鞆、それから蒲刈、上関、最後に下関で終わる。下津井は牛窓、鞆間の真ん中あたりだから、陸路の宿場に例えれば、間の宿程度の位置付けになるであろう。立ち寄る船はあったであろうが、本陣などというものはなかった。

下津井は、瀬戸内海航路よりも、四国への船便の港であった。海に向かって突き出た半島の先端だから、対岸の坂出まで、一〇キロ強程度の距離しかない。おまけにその間には、飛び石状に島が連なっている。小舟でも安全に行き来できるのである。

今はこのルートに瀬戸大橋が架かっている。下津井から眺めると、見上げる上空に橋があるという感じだ。瀬戸大橋は、前記の飛び石状の島から島へと架け渡されている。何のことはない。昔の四国への船便ルートとほとんど変わりのないルートを、踏襲しているのだ。しかし、これも当然のことである。船で行こうが、橋を架けようが、近いところを選ぶのは理にかなったことである。瀬戸大橋の橋上から見下ろすと、下津井の町が見える。

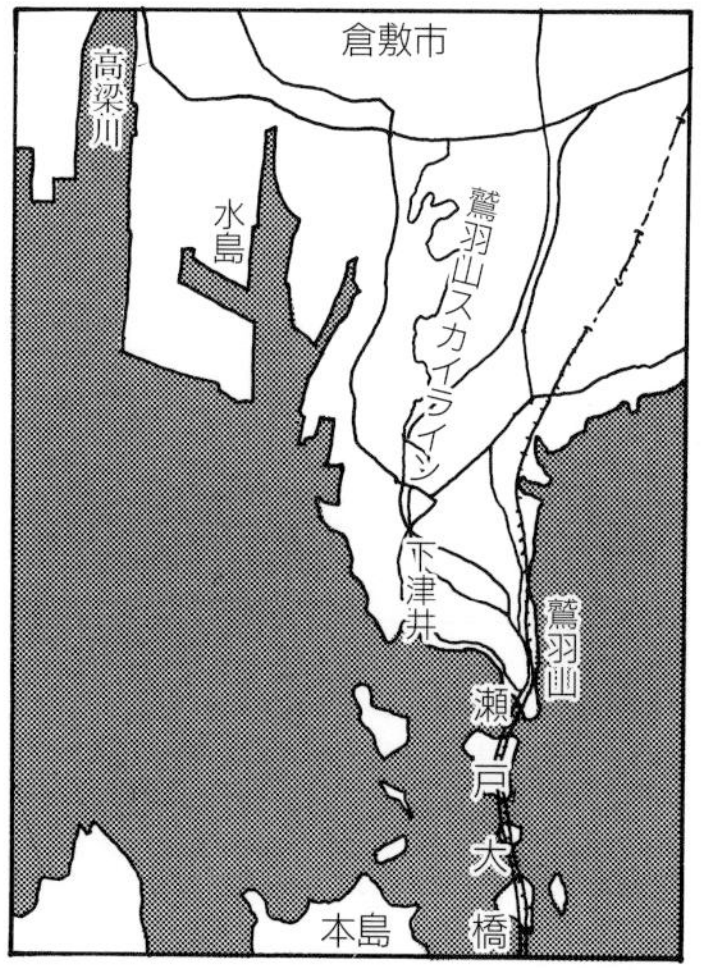

下津井

中国

広島県竹原市

稲田にならず塩田になった干拓の思わぬ成功

竹原は賀茂川の河口近くの町だが、町の古い部分は川の左岸の山裾に沿って伸びている。町ができた当初の江戸時代初期の頃には、川の右岸の部分は海であり、左岸の町はそのまま即、港町であった。

この海が遠浅であることに眼を付けた広島藩は、藩直轄でこの海の干拓事業を始めた。米をつくる水田にしようと考えてのことであった。干拓は難なく進行したが、泥土に塩分が多量に含まれているので、米はつくれず、事業は暗礁に乗り上げてしまった。この時の竹原の代官だった鈴木四郎左衛門は、それならいっそのこと、塩田にしたらよいと考えて、事業の目的を一転させ、ここを巨大な塩田にしたのである。今、川の右岸に広がっている町は、その頃開拓された塩田だったのだ。ここの塩田の生産量は莫大で、備後一の産高であったという。

塩田開発の成功は、竹原の町を豊かなものにした。今見る、塗《ぬ》り屋《や》造りの大きな町屋群は、その結果であった。塩豪商は吉井家、松阪家を筆頭としたが、吉井家では余力を駆って造酒業も営み、代々町年寄りを勤め、藩の本陣にもなっていた。竹原は造酒でも名を知られるところとなった。明治から大正にかけて、竹原には造り酒屋が三六軒もあったのである。

竹原はまた、「竹原儒学」の地でもある。頼山陽《らいさんよう》が最も有名だが、山陽の祖父である頼惟《ただ》清《すが》、祖父の頼春風、頼杏平《きょうへい》、父の頼春水らが彼の儒学の先人であった。このこともまた、竹原の町の豊かさの指標であるだろう。頼家にゆかりの建物は多く、それらは今も丁重に保存されている。

竹原の町屋の格子《こうし》は、「竹原格子」と呼ばれる独特のものである。格子は縦と決まったものでもないようで、「竹原格子」は上下は縦だが、中間に横格子が組み込まれている。格子の中から明るい外を見た場合、縦より横の方が定かに見えることを考えてのことであろう。眼の高さに横格子が組み込んであるのだ。

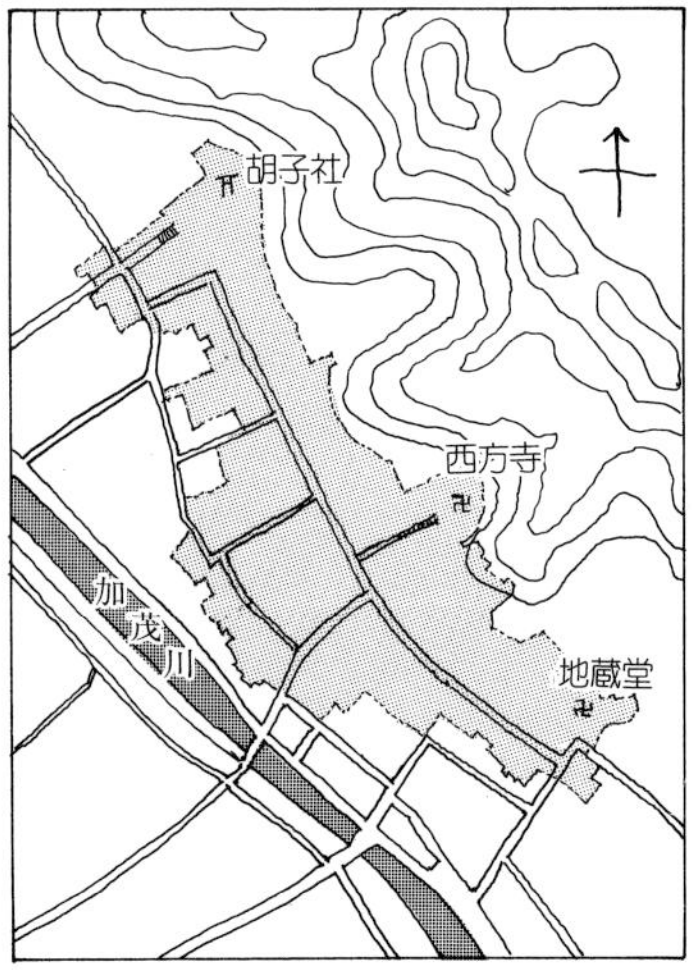

竹原.

海賊船ならぬオチョロ船の基地御手洗

広島県豊田郡豊町《ゆたかまち》御手洗《みたらい》

御手洗は、大崎下島という瀬戸内海に浮かぶ島にある町だ。この島には前記の竹原港から定期船が通っている。船は島の大長《おおちょう》という港に着く。町はここから歩いてもゆける距離にある。

御手洗もまた、瀬戸内海の海港である。瀬戸内海を航海する場合、「潮待《しおま》ち」というのがある。瀬戸内海には外洋との接点が東に一か所、西に二か所ある。言うまでもなく、東は紀伊水道、西は豊後水道と下関海峡だ。外洋が満潮になると、三つの水道から海水が瀬戸内海へ奔流するが、干潮になると逆に、外洋に向かって流れ出る。内海側で見れば、満潮時は内海の真ん中あたりへ向かって潮が流れ、干潮時は逆に両端へと流れる。内海を航行する場合、潮の流れに乗って行けば船足が早くなるから有利だ。そこで内海の中心あたりの港では「潮待ち」という現象が起こる。潮の流れに乗ってやってきた船が、流れが逆になるのを待つのである。御手洗は「潮待ち」の港であった。

御手洗はオチョロ船で知られていた。オチョロとはお女郎のことで、つまり遊女のことである。御手洗では、船が港に入ってくると、遊女が小舟に乗ってきて、船に乗り移り、船の男を対象にして所定の行為をしたという。海賊船の襲来にも似た、遊女の襲来であるが、遊女の出前と言ってもよいし、押し売りすることもあったであろう。もちろん今は、そんなことがあるはずもない。

御手洗の町には、若胡子《わかえびす》屋跡と書かれた表示のある、豪壮な建物があって、今は内部を改装して公民館になっているが、ここが遊女出前の基地の一つであった。つまりこれは置き屋で、遊女百余人をかかえていたという。

御手洗では、「みたらい女郎衆のョ、髪の毛は強いョ、上り下りの舟つなぐョ」と唄われている。

御手洗の名誉のために言っておくが、この町には見事な町屋も残っている。外見よりも中の座敷などの造りの良さは絶品だ。住んでいる人の気品が感じられる。

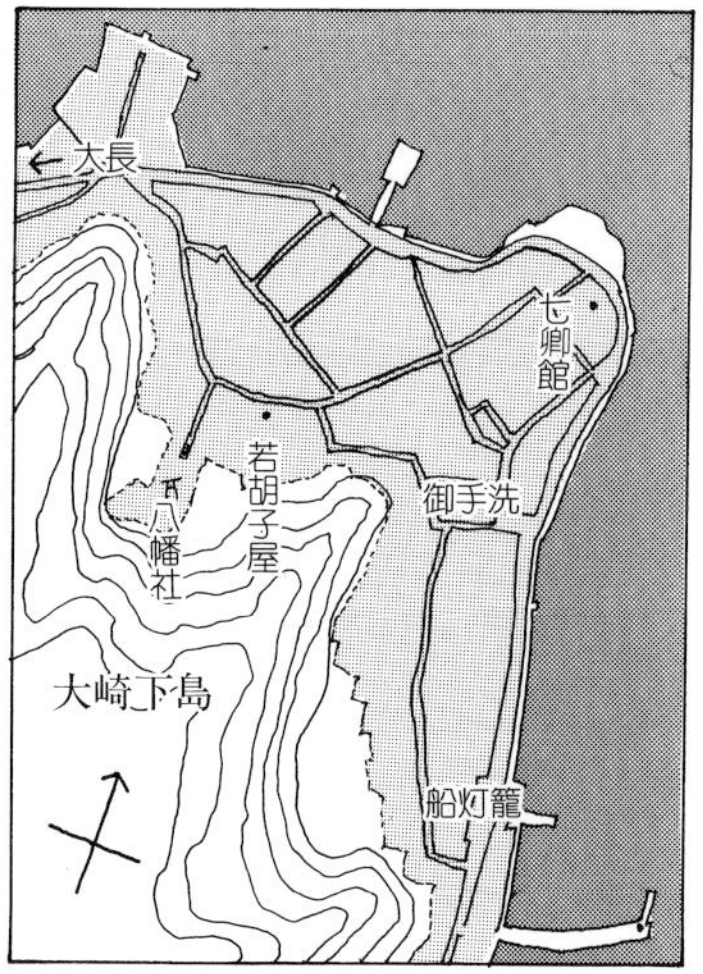

御手洗

中国 | 岡山県津山市

町の両翼に町屋町と寺町を配した津山

津山の町は東西に長く一筋に伸びていて、丘の上にある城を中心にして、東は町屋町、西は寺町と区分が明確だ。城のある中心部は、城下町時代には武家屋敷のエリアであったのであろう、今は官庁とか、公共施設が多く建てられているが、商業活動はこのエリアが中心であったのか、雑然とした部分も少なからずあって、道路の状況など、都市環境の上で問題が多いため、そこを再開発する事業が進んでいる。

津山の町が東西に長いのは、そこを貫いてゆく道が、中国山地の中の地溝帯を縫って東西に走る街道であるからだ。現在の中国縦貫道も、ほぼこれに平行して走っている。この街道から鳥取に向けて分岐する道が城の西側にあって、その交点に町がつくられたのである。

しかし、町の中心部だけに問題が集中したためであるのか、町の両端をなしている、町屋町と寺町は昔のままで、落ち着いた雰囲気が漂っている。

一筋道に並ぶ町屋は、ほとんどが塗り屋造りで、一階には格子を付けているが、二階は開口部が限定されていて、やはりそこには格子を付けるが、壁の部分には虫籠窓《むしこまど》を設けている。漆喰壁《しっくいかべ》は黒漆喰で、要所に平瓦を使ったなまこ壁が配される。全くと言ってよいほど、一階と二階の軒を水平に連ねた平入りの町並みが直線的に続き、この造りの家が建ち並んでいる姿は、落ち着きは確かにあるが、暗めだから、やや陰鬱の感があるのは否めない。

寺町の方は、逆に非常に明るい。寺町というからには、寺が隣り合って並んでいるのだが、一つ一つの寺の境内が広く、樹木が少ないため、頭上の空が広く、町の周囲をなす山々までが見渡せる、明るく伸びやかな界隈になっている。寺町というと、しめっぽい陰気な町を想像してしまうが、津山ではそうではなかった。道路に面して、白漆喰の土塀が長々と続いているのも、明るさの要因であるだろう。町屋町と寺町の雰囲気が逆というのが面白い。

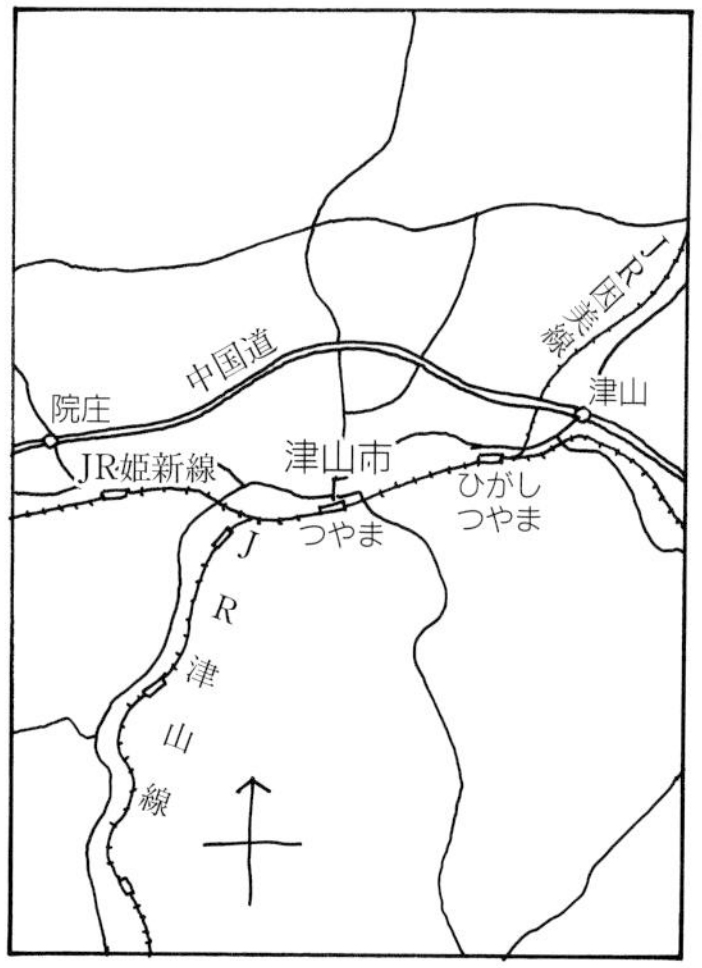

津山寺町

中国

韓国の風土に酷似した環境の勝山の町

岡山県真庭郡勝山町

中国山地というのは、丘陵性の山々の山襞《やまひだ》が複雑に入り組んでいて、川もまた細流が多く、山襞の間を蛇行に次ぐ蛇行で流れているので、車で走ると方位を見失うことがままある。山の木々は雑木が多いようで、冬には葉を落とすため、冬の弱い陽射しでも落ち葉に埋もれた地表を暖めているような、和《なご》みのある風景になる。巨木に育った針葉樹が森をなしていて昼なお暗い、という場所はどこにもない。これは韓国の風景に酷似しているが、もうここでは韓国は一衣帯水《いちいたいすい》の位置にある。

中国山地の表土は薄く、その直下の全てが御影《みかげ》石であるという。日本列島の地殻の部分で、中国山地ほど強固なところは他になく、古日本列島の頃からの骨格をなしている、という説もある。この点も韓国の地殻と共通している。

しかし、このことは、表土に保水力がなく、表土に木々を育てる栄養源が乏しいということでもある。中国山地が松材の産地であったのは、このことが理由なのではないか。松は岩山のような、栄養源の少ない土地に適した植性を持っている。

勝山町は、まさにこのような環境の中に埋没した可愛い町である。町の規模が小さいから、塗り屋とか土蔵とかは少なく、もっと軽めの造りの家々が、短い町並みを形成している。

町は、このあたりではかなり川幅を広くした旭川に接していて、川の対岸から町並みを眺める風景がよい。川べりには大きな造り酒屋が、幾つもの瓦屋根を重ねている。

そこに近付いてみると、土蔵の窓の土戸の裏側に、見事な左官の鏝絵《こてえ》が幾つも刻まれていた。戸の裏側を飾るのは変だと思われるかもしれないが、土戸は火災に際して、延焼を防止する時に閉めるだけで、通常は開けておくため、戸の裏側の方が表なのだ。

鏝絵というのは、左官が造る一種のレリーフで、竹に虎とか、鶴亀といった、吉祥紋《きっしょうもん》と呼ばれる定型の図柄が選ばれる。ここで見た鏝絵のバックは、鮮やかな濃紺色であった。

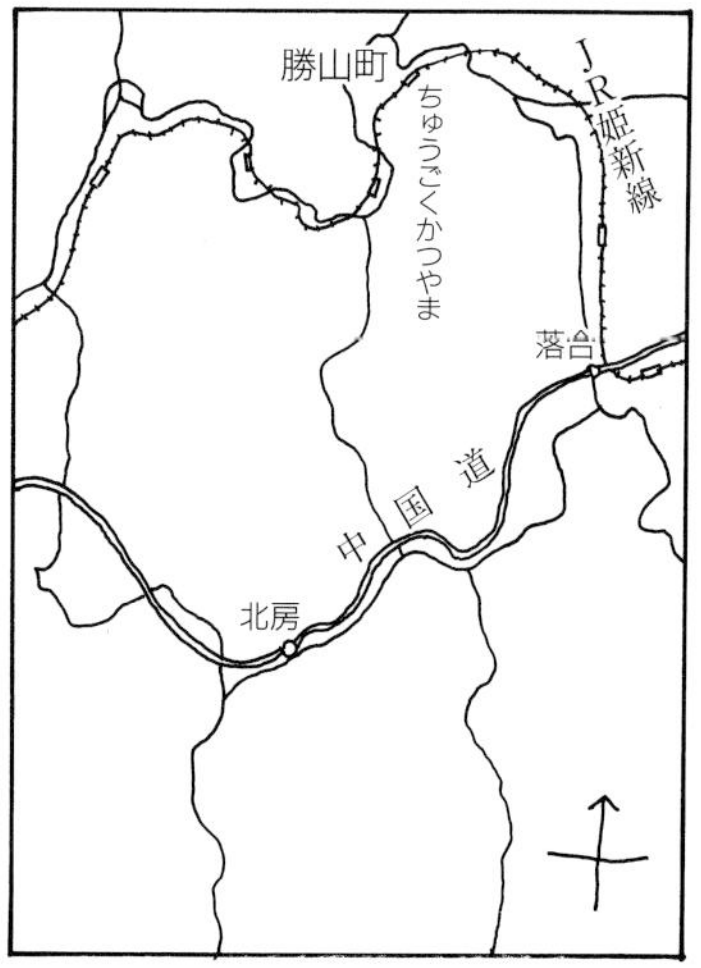

勝山町

中国

銅鉱精練の廃棄物から造る紅殻で繁栄した町

岡山県川上郡成《なり》羽町《わちょう》吹屋《ふきや》

吹屋はとてつもない山中にある町だ。車で走ると、町が発見できないのではないかと不安になる頃、ここが山中とは思えないほど、完成度の高い町並みを突然、眼前にするので、その感激はひとしおだ。

吹屋は江戸時代、銅が産出することでできた町であったが、鉱山町というのは、鉱脈を掘り尽くすと、そこで町が捨て去られる運命にある。吹屋もその例に漏れず、町が滅亡しかけた時、銅を取った廃棄物から紅殻《べんがら》を取ることを思い付き、銅山時代よりも、飛躍的に繁栄した町であった。今に残る町並みはその産物と言ってよい。鉱山の経営をしたのは他の町の金持ちであったが、掘り尽くして事業を止めた時、町に残された人達は行き所もなく、途方に暮れた中での着想であった。皆で金を出しあって、紅殻生産に自分達の運命を賭けたのである。

紅殻は辨柄とも書き、この方が発音には正確だが、紅の字が付いた方が華やかな感じがするためか、紅殻と書くのが一般的だ。

紅殻は建物の木部に塗ったり、漆器の着色とか、染色にも使われた紅色顔料で、上方《かみがた》での需要が多かった。鉄屑からでもつくれたが、ザラつきが残ったりする粗悪品が多い中で、吹屋の紅柄は評価が高く、高値で売れたという。

ここから製品を出荷するには、牛馬の背に積んで成羽町の川岸に運び、高瀬舟に乗せて河口の倉敷の問屋町へと運び、海路、京・大坂に至るというルートであった。京都の祇園のお茶屋の紅殻格子にも、ここの製品が使われていたのであろう。

吹屋の家々の屋根瓦は赤い塩焼き瓦が使われているけれども、赤くてもこれは紅殻とは何の関係もない。この瓦は多分、石見《いわみ》の瓦で、石見では瓦の釉薬《ゆうやく》に塩を使っていた。焼きあがりつつある瓦窯の中へ、塩を多量に投げ入れると、高熱で塩はたちまち気化して瓦の表面に定着するが、その色が茶色に近い赤なのだ。これが石見瓦の特徴であった。

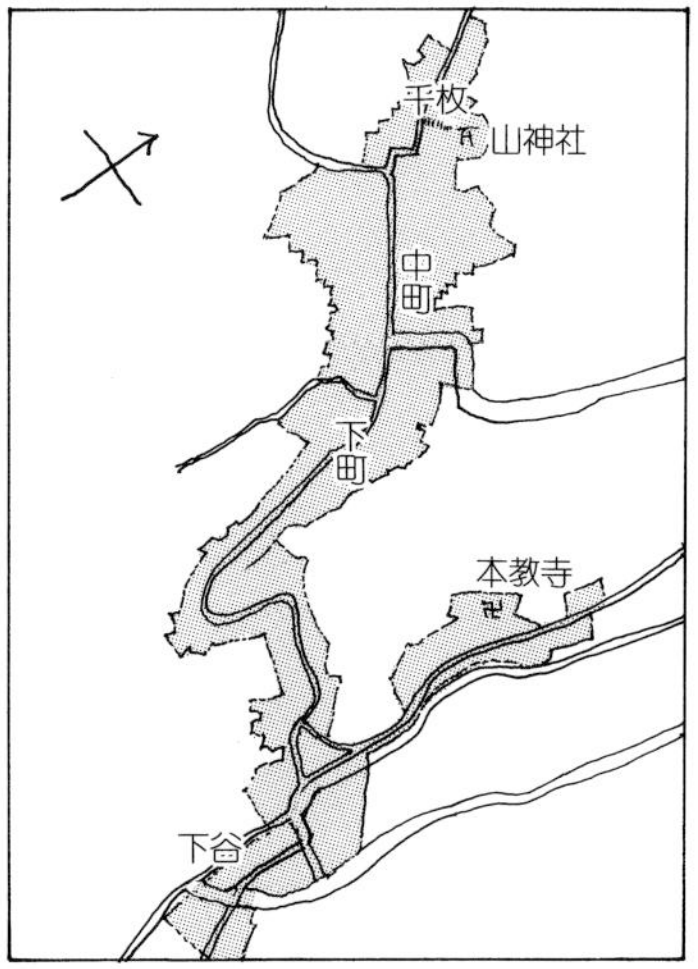

吹屋

中国
鳥取県倉吉市

「稲扱き千刃」で繁栄した城下町倉吉

倉吉は池田藩に属する城下町であったが、本町通りに建ち並ぶ繊細な意匠の町屋群と、その裏側に、通りと平行して流れる玉川に面した土蔵群が、この町のかつての繁栄を残している。

倉吉は戦国時代から、刀鍛冶《かたなかじ》で知られた町だったが、刀はもう必要でない元禄になった頃から、「稲扱き千刃《いねこせんじん》」と名付けた農業機械を造り始めて、これが売れに売れ、全国に売りまくって、巨万の富を築いた町であった。

この機械は、刈り取った稲をしごいて籾《もみ》を取る道具だが、その刃先に刀鍛冶で習練した技が生かされたのであろう。倉吉の「稲扱き千刃」はその切れ味の良さで高能率の農作業を可能にした機械であった。稲作はもちろん、日本中のどこででも行われる重要産業だから、その作業で珍重される機械を造ったのは、まさに炯眼《けいがん》というべきであろう。

「稲扱き千刃」の製造は「鉄一駄、刃千駄」と言われた。鉄の一駄は三三貫、これが千倍になるということだ。刃は切れ味が鈍れば取り替えなければならぬ。「稲扱き千刃」を一度売れば、刃の取り替えというアフターサービスが続くという、巧妙な商法が千刃産業を永続させていた。

千刃とはいうものの、刃が千ほどもあったわけではない。一枚の刃に鋸刃状の鋭い刃先が数多く刻み込んであるという意味である。この刃に稲束の穂の部分を引っ掛けてしごくのが稲扱きの作業であった。

町屋の背後を流れる玉川は、鉄材や鉄製品という重量のある物品を舟で輸送する道筋であった。

町屋の繊細な意匠とは、格子組みとか、軒を持ち送るための腕木《うでぎ》とか、それを支える力板などに、彫り物など、入念な造りが見られることである。

こうしたことは、職人達に入念な仕事をさせられる時間と、充分な支払いができる財力がなければ、到底かなわぬことである。

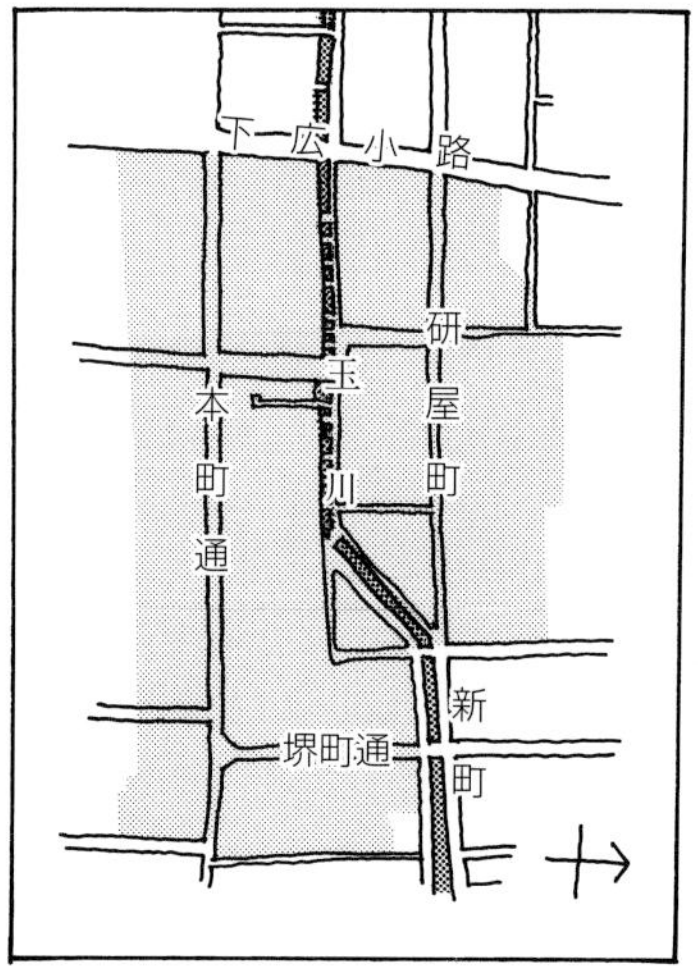

倉吉

松江城の堀を巡る塩見縄手の武家屋敷

島根県松江市

ここまでの記載で、県庁所在地が登場したのは、京都と神戸だけである。この後も長崎しか登場しない。京都・神戸・長崎に割り込んで、松江をここで取り上げる。言うまでもなく、松江は島根県の県庁所在地で大都市だが、山陰は全体に過疎化しつつある地域なので、県庁所在地であるにもかかわらず、人口の集中化が見られない。しかし、これが不幸なこととも言えないのではなかろうか。もっと近いところにこの町があったとしたら、観光客が押し寄せてきて、安手の土産物を売る店ばかりが並ぶ、うれしくない環境の町になっていたかもしれない。

松江は外洋に続く中海と宍道《しんじ》湖を結ぶ水路にまたがった町である。しかし、その水辺町のあたりにはあまり魅力はない。松江の町の美しい部分は、昔の天守閣がそのまま残っている城郭内と、城を巡る堀端のエリアである。この城は千鳥城と呼ばれていて、関ヶ原の役で戦功のあった堀尾氏が入部し、慶長一六年に完工した城だから、現存する天守閣としては古参で、なかなかに風格がある。

堀端の堀を巡る道には松の巨木が、能舞台の書き割りに描かれた松そっくりの堂々たる姿で、空が見えないほどに枝を交わして並び立っている。ここが塩見縄手と呼ばれるところで、「御出頭町《ごしゅっとうまち》」とも呼ばれ、藩の重臣達の大きな屋敷だけが並んでいる。松江藩では、武家屋敷町は身分によって画然と街区を分けていたが、塩見縄手は最高級武士が住むエリアであった。小泉八雲の旧居もここにあって、内部を見学することができる。入ってよい部分が限られていて、家の内部の全容を見ることはできないが、全体で五〇坪ほどの平屋建てである。

ここからわずかのところで山に登ると、殿様が使った菅田《かんでん》庵と呼ぶ茶室がある。茶室というには少々生活的な造りだから、別荘のようにして使ったのではないか。広い前庭からの展望も開けている。ここから少し登ったところに小さな茶室がもう一つあるが、ここには風呂がある。殿様の楽しみであったのだろう。

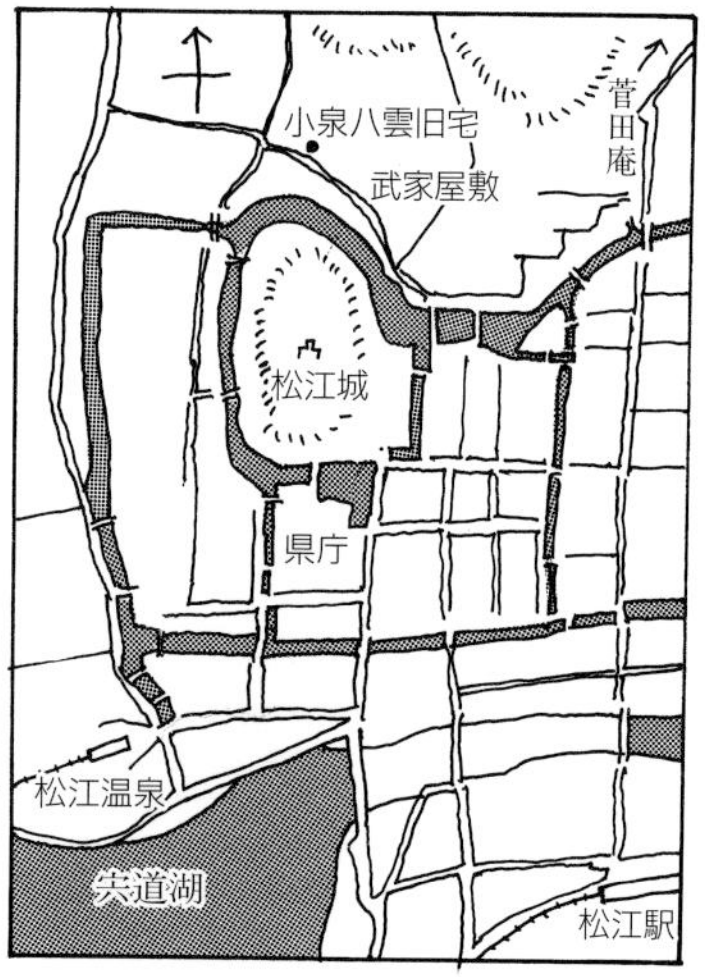

松江

中国

江戸初期にシルバーラッシュの町だった大森

島根県大田《おおだ》市大森

勝山の項で、中国山地の地殻が日本列島の中で最も強固であることにふれたが、これは大陸塊の一部がここに露頭しているためともいわれる。日本列島の中で抜きんでてここは、鉱物資源が集中的に存在する。

まず鉄があるし、銅もある。最近はウラン鉱がある。ここ大森は、戦国時代の末期から江戸時代初期にかけて、銀が湧き出すほど豊富に産出したという。日本中の全権力を掌握したばかりの幕府は、毛利家からここを奪って、いち早くここを天領にした。江戸の人口が四〇万の頃、大森は人口二〇万で寺が百あったという記録は、にわかには真実と認め難いが、そう書かせるだけの殷賑《いんしん》さがあったのであろう。

大森は太田市の市域の中にあるが、市の中心部から一〇キロ強ほど山中に入ったところにある。街の入り口に代官所が残されている。街はここからほぼ一筋道で、うねって登りつつ進み、銀を採掘した間歩《まぶ》と呼ばれる鉱口に着く。そこからさらに奥に羅漢寺という、石窟に並ぶ五百羅漢を祭った寺がある。ここで銀が発見されたのは鎌倉時代だというから、ここの石窟は昔の採掘跡であった可能性がある。

しかし、鉱山の盛衰は激しく、最盛期は五〇年ほどで終り、江戸時代中期には産出量が激減し、その後も細々と続いたが、大正末期に廃坑となった。

ここを最初に訪れた、今から二〇年前は、町に人影はなく、家の中を覗いてみても、生活している気配が感じられない空き家ばかりの過疎の町であった。両側に山が迫る谷間の町なので、山の樹々が屋根にかぶさるまでに茂り、蔓性の植物に覆われた家は、家の形をした樹木のような様相であった。

しかし、今はそうではない。パッチワークの手芸に打ち込んでいる人が、ここに移り住んだのである。町に残っている老人達にとって、これは願ってもない仕事であった。それが話題を呼んで、大森はパッチワークの町になった。イベントなども開かれる。これは明るい町起こしのお手本になっている。

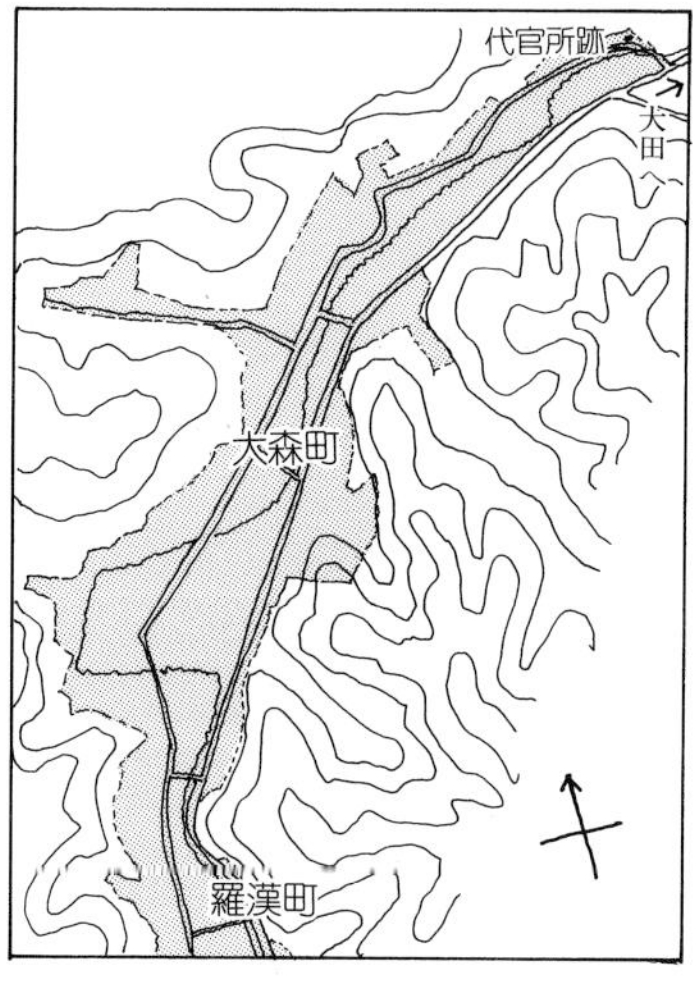

大森

ここはどう見ても武家屋敷の町というよりない

山口県萩《はぎ》市

萩は明治維新発祥の地であるといってよい。幕末の頃、幕府を揺り動かしたのは、外圧に屈して開国した、幕府の非を責める尊皇攘夷論であったが、騒然とした状況の変化の中で、倒幕の趣旨にも変化が起き、尊皇を建て前として開国富国強兵を目指す明治政府が発足した。新しくつくられた明治政府の権力機構の中で、長州藩士だった人達の占める比率は極めて高い。明治になって始まる改革を維新と呼ぶとすれば、萩は確かに発祥の地である。

萩には、文化庁が選定した「重要伝統的建造物群保存地区」が二か所ある。当然、どちらも武家屋敷町であるが、堀内地区と呼ばれる方は、萩城内の三の丸だから、武家屋敷も藩の重臣達の屋敷ばかりだ。大きな長屋門を構えて、石積みの塀で屋敷が取り囲まれている。もう一つの方は、平安古《ひやんこ》地区と呼ばれていて、堀内に比べるとかなり小さいエリアだ。ここは町屋町に包含されるが、新しく干拓されてできた土地なので、城内から溢れ出た武士達がここに住み、やはり小振りながらも、土塀の続く武家屋敷町になった。

武家屋敷というのは、門、塀はよく残るが、肝心の家の方は残っていないことが多い。これは萩でも同様である。武士は明治になってから禄を失い、生活に困窮した人が多かったので、昔の武家屋敷に住み続けている武士の後裔というのは、ほとんど皆無なのである。

では、明治政府の高官となった萩の武士達の家はどうなのかといえば、彼等は皆、下級武士ばかりだったので、家、屋敷など持っていなかった。維新は下級武士が階級を無視して動くことで成立した。しかし、一戸だけ例外として残っている家がある。それは桂小五郎、明治になって木戸孝允と称した人の家であるが、武家屋敷町ではなく、町家町の横町を入ったところにある。物見格子が付いているところは武家の家のしつらえだが、あまり武家屋敷らしからぬ家である。明治政府の高官になった武士達が、東京に西洋館を建てて住んだのに比べて、最後は萩に帰って隠棲した彼だったからこそ、残ったのではなかろうか。

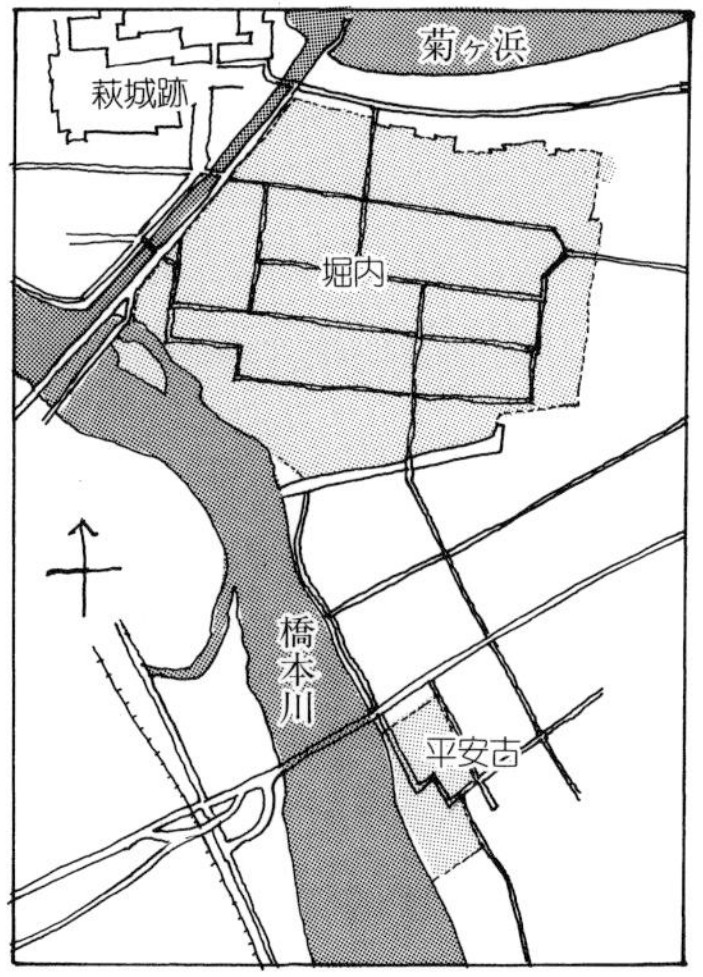

萩

阿波人の気質そのものの派手な卯建の町並み

徳島県美馬郡脇町《わきまち》

脇町は、徳島県を東西に貫流する吉野川北岸の町である。吉野川は氾濫することの多い暴れ川として知られている。しかし、この川が暴れ川だったからこそ、徳島は藍《あい》の名品である「阿波藍」をつくることができたのである。脇町は、農家がつくる藍の葉を買い入れ、これを藍玉に仕立てることで全国に出荷し、繁栄した町である。

藍で染めた青色をジャパニーズブルーと外国人は言った。日本人が日常的に着ている着物に、藍染めが多いのが気になったのであろう。前にも述べたように、綿が国産化されるのは江戸期になってからで、人々は競って木綿の着物を着るようになったが、普段着なら汚れもするため、白いままでは都合が悪い。そこで藍染めが登場する。綿の栽培と藍玉の生産は、同時進行の状況で拡大していったのである。

藍は強い陽光と肥妖な土地を好む植物である。阿波は南国だから太陽が照り付ける土地柄で、おまけに吉野川の氾濫は、災害をもたらすけれども、上流から肥妖な土を運んでくれるので、藍の栽培の適地であった。川の氾濫は時には農家の家を押し流すこともあったが、そこは阿波人の楽天的な明るさが、災害を乗り越えさせもしたのであろう。

脇町で町並みをなす藍豪商の家は、道路に面した家の両側に派手な卯建《うだつ》を立てているが、この卯建は装飾以外の何物でもない。卯建は隣家からの火を防ぐ防火壁だと言うし、平入りの町並みの中での中で一戸を明示するためとも説明されるが、脇の卯建はそのどちらでもない。明瞭に飾りそのものだ。ここにも阿波人の派手好みの気質が如実に現れている。

藍豪商の家は外から見ただけでは、どこで藍玉をつくっていたのか分からないが、母屋の裏には広い空地があって、藍寝床《ねどこ》と称する藍の葉をバクテリアの作用で分解させる小屋とか、藍玉をつくる藍納屋《なや》などが建ち並んでいたのである。

屋敷の裏手は吉野川に接しているので、舟で物品を輸送するのに便利であった。ここで舟積みされた藍玉は、河口の徳島で大型船に積み替えて、上方へ運ばれたという。

脇町

四国

塩飽水軍の根拠地であった島の港町

香川県丸亀市塩飽《しわく》本島町笠島

この項は、中国地方の町並みの、下津井の項の続きにした方が理解しやすいのだが、分類上ここにきてしまった。下津井の項で、下津井は四国の坂出とを船便で結ぶ港であり、その航路には飛び石のように島が散在すると述べているが、その島々が塩飽諸島で、ここでの話題は、島の港町についてである。

本島、笠島と島が二つ重なる地名だが、本島は塩飽諸島の中で二番目に大きくて、塩飽諸島の中心をなす島の名であり、笠島はその本島にある港町の名である。

下津井は瀬戸大橋から眺められるが、笠島も眺められる。瀬戸大橋は島から島へと架け渡されているが、本島は少し西にあったので、瀬戸大橋とは関係なく、橋は見るだけの存在でしかない。

塩飽諸島の名は、中世の頃から歴史に登場する塩飽水軍の名で知られている。塩飽諸島は、瀬戸内海を扼した海峡に散在しているので、島に住む人達は、自然にこの海峡を支配する立場に立つことになった。これが塩飽水軍である。塩飽水軍にとっては、瀬戸内海はわが領地という感覚であったろう。水軍というと、海賊を連想するけれども、彼等は海の管理者であった。管理に従わない船に対しては、海賊的行為もやむをえない処置であったであろう。領地を陸地とばかり考えている人間にとっては、彼等は海賊と理解するより他なかったのである。

塩飽水軍は、遠く中国の沿岸にまで船を進めたので、中国側はこれを倭寇《わこう》と呼んで恐れたという。しかし、塩飽水軍は戦うのが目的ではなく、目的は通商にあった。賊働きだけで、長続きするはずはない。田は畑も乏しい島では、外で稼ぐことを考えなければ暮らしが成り立たない。通商は不可欠の手段だったのである。

しかし今、笠島で、ここが塩飽水軍の根拠地であったと言われても、想像を掻き立てる手掛かりは何もない。波静かな瀬戸内海の漁村の、のどかな風物を感じるばかりだ。

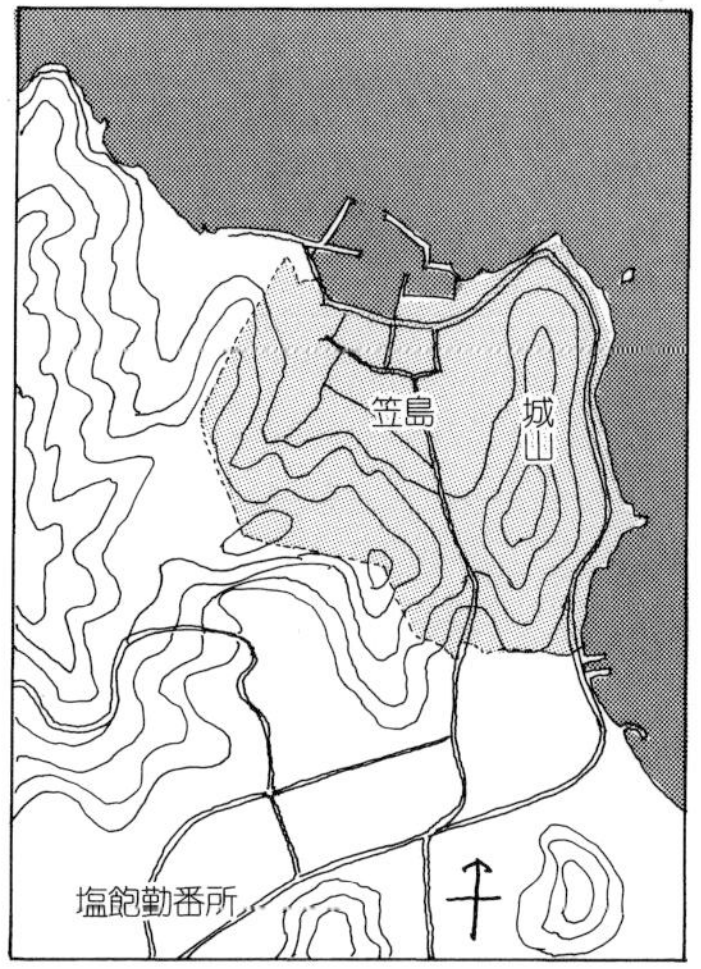

四国

ハゼの実から取る木蠟《もくろう》が造った内子の町並み

愛媛県喜多郡内《うち》子町《こちょう》

内子の町の高みをゆく一本の道に、塗り屋造りの家々が建ち並び、土蔵が顔を出したりしている。ここが木蠟《もくろう》をつくり商った、内子の中心街であった。

蠟燭《ろうそく》は電気のない時代には、暗い夜を明るく過ごすための生活必需品であったが、明治の中期以後、パラフィンを材料とした工業製品の安価な蠟燭がつくられるまでは、ハゼの実を絞った汁を晒《さら》して固めた、木蠟で蠟燭をつくっていた。これを和蠟燭と呼ぶ。和蠟燭は高価なので、日常的には、燃えると臭いが、その臭さは我慢して菜種油などを燃やして明かりにする、灯明台《とうみょう》を使っていた。和蠟燭は贅沢品だったので、日常的にそれが使えるのは、金持ちしかいなかったが、ここぞという時には、和蠟燭を使って見せたということもあった。

四国の山中には、ハゼの木が多く自生していたのであろう。内子での木蠟の生産は、江戸時代中期頃からと言われる。当初の頃は、黄色みがかって柔らかすぎる、生《き》蠟と呼ばれるものであったが、水に晒すことで、白くて固い和蠟燭へと品質改良されて高級品になった。

内子の町のこの通りには、重要文化財に指定された民家が二つある。本芳我《ほんはが》家と上《かみ》芳我家で、どちらも木蠟で財をなした家である。本芳我家は、母屋の横に土蔵が取り付いた形で道路に面している。鬼瓦の上に、このあたりではよく使われる帆立てと呼ばれる巨大な棟飾《むねかざ》りが突き立っている。左官の鏝絵《こてえ》があり、欄間の彫り物があり、四角、六角のなまこ壁があったりする、豪勢な造りの家である。上芳我家の方は、それより幾分かおとなしい造りだが、通りに面した母屋から奥へ、二棟の座敷が伸びている広壮な家である。

一番奥の離れは二階建てで、その二階から主が、庭で作業する人達を監視していたという。木蠟は高価なものだから、くすねられたらことだと思ってのことだ。金持ちというのは、どこかで守銭奴のような振る舞いをするものなのであろうか。

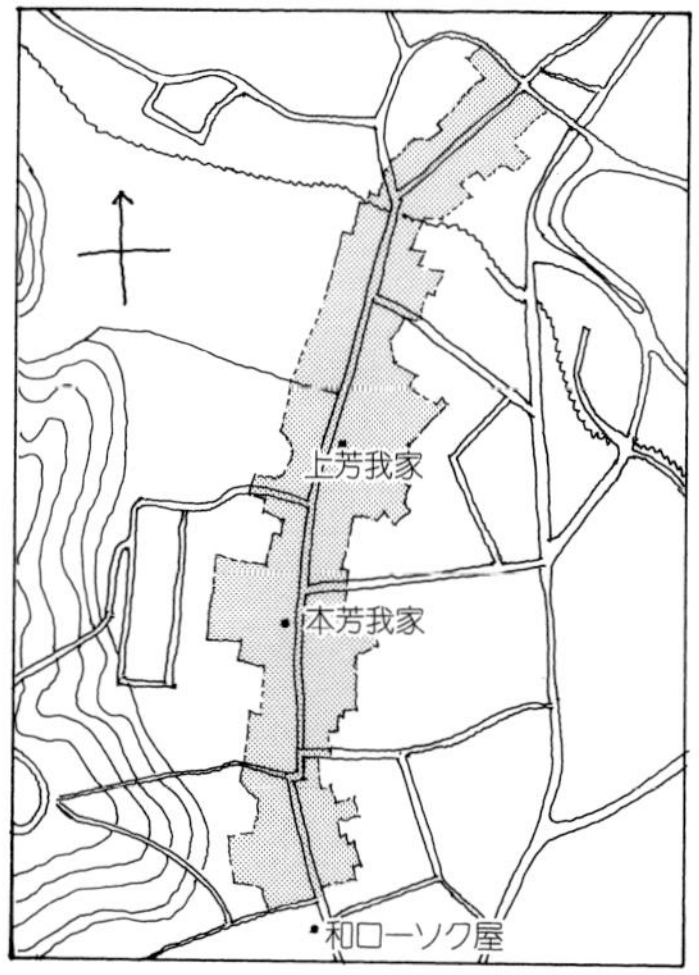

内子

四国
愛媛県大洲《おおず》市

整然たる碁盤目の町で残る大洲の町人町

大洲は、この地方一帯の水を集めて胎蕩《たいとう》して流れる大河、肱《ひじ》川南岸に造られた城下町である。現在は肱川に橋が架かって、市域は北岸から北へ大きく広がっているが、原大洲である城下町の町屋町の部分は、そっくりそのまま肱川南地区として残っている。城や武家屋敷のあった部分は、肱南地区の町屋町の部分の西側にあるが、ここは城の石垣と三つほどの櫓《やぐら》を残すのみで、公共施設や学校などの用地となり、堀などは埋め立てられて、昔の面影をしのぶ要素はあまり残っていない。

そっくり残っている町屋町の部分は、昔のままの道路が碁盤目をなしていて、多くは、明治から大正期にかけて造られたと見られる家々が押し並んでいる。家の造りに塗り屋や土蔵造りがほとんどないのは、火事の被害がさほどなかったせいなのか、それとも、この町の発達の度合いが遅れていたからであろう。しかし、道からは見えない家の奥の部分に、土蔵はかなりの数ある。

「おはなはん通り」と名付けられた道がある。年配の方なら思い出されるであろう。NHKの連ドラの「おはなはん」のロケ地となった道だ。この道は武家屋敷町との境界に当たるので、町屋町側から出ることはできず、家の奥にある土蔵が並んで見えている。大きいの、小さいの、妻側を見せるもの、平側を見せるもの、形も色も様々だが、絵になる風景と言ってよいであろう。

町屋町の東端で、肱川を見下ろす崖の上に、臥龍《がりゅう》山荘と名付けられた、さる金満家の邸宅が建っていて、公開されている。少々品の悪い造りも見られるが、茅葺《かやぶ》き屋根の母屋と離れになった茶室、川を眺めながら歩ける庭の中の小道など、充分楽しめる家である。

最も奥にある茶室は、川に向かって落ち込む崖に、懸け造りで建てられているので、肱川の眺めが堪能できる。

川の対岸の上に盛り上がっている山は、富士山と書いてトミスヤマと読む。小さいが富士山型の山だ。

大洲

江戸明治大正の学校建築を一度に眺められる町

愛媛県東宇和郡宇和町卯之町《うのまち》

宇和町の南北に走る商店街の通りから東に、これと平行してやや高く、町の古道が通っている。ここが宇和町の原点をなす町である。ＪＲ予讃線でここに行くには、上宇和、卯之町、下宇和と三つの駅があるので、どこで下りたらよいか迷うが、卯之町で下りるのが正解だ。駅から歩いてもごく近い。

この古道から東へ、坂になった細い路地をわずかに上ると、台地上に出る。ここに江戸時代の寺子屋だった小さな建物が一棟、明治西洋館造りの開明学校と呼ぶ大きな建物が一棟、その前に増築された大正期の建物が一棟、計三棟の学校建築を見廻すだけで一度に眺めることができる。

寺子屋はその頃の住宅だったと見てよい。寺子屋と書いてなければ、全くそれとは分からない和風の家である。開明学校は木造二階建てでペンキ塗り、窓がアーチ型になっている。明治の小学校である。大正期の増築校舎は白いモルタル塗りの壁で、アルミサッシが使われているが、これは明らかに、この戦後に改造された部分である。

昭和の学校建築もここに移築して残せたはずである。ここからほど近いところにある小学校で、木造校舎を鉄筋校舎に建て換える時、保存することが議論され、移築保存は実現したが、町から相当に坂道を上らなければならない場所に、米の博物館となって移築された。これではここまで人が来てくれるとは到底思えない。残念なことであった。

この古道には、妻入りの家が並び建っている。妻入りになるのは家の間口が狭いためで、町が発達してくると、隣の土地を買って間口を広げ、より大きな家を建てる人が出てくる。こうなると、妻入りではなく、平入りの家になる。町の中心部には平入りの家が並び、町の端には妻入りの家が残される。こんな視点で眺めてみると、町の発達の度合いを見定めることができる。

妻入りの町屋でも、さらに古い時代の家は茅《かや》葺《ぶ》きであった。卯之町の町並みの中には、その時代の痕跡を残す家も見られる。

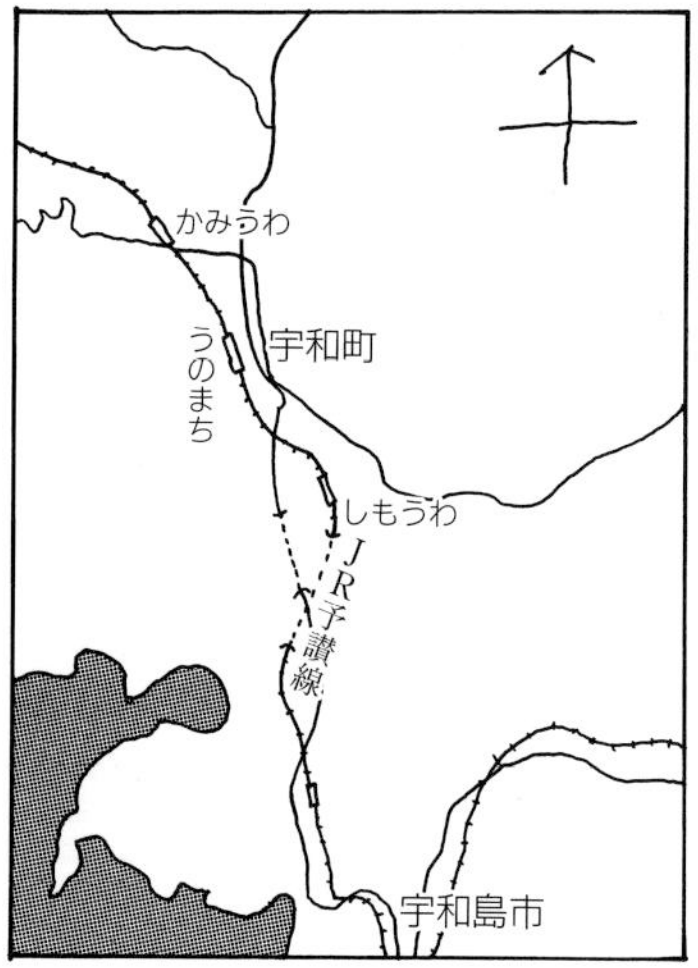

宇和

四国

なんとこれは珍奇な山門であることか

愛媛県北宇和郡津島町

宇和島から約二〇キロ、ひと山越えて南へ下ると、道は岩松川の右岸を行く。川向こうの山裾に、瓦葺《ぶ》きの屋根を連ねた町並みが見えてくる。ここが津島町の岩松である。町並みを対岸に見ながら行く道は、岩松のバイパスとして造られた道だ。これがなかった頃は、町並みの中の狭い道を通り抜けていた。この先にある外泊や宿毛などに行くには、海岸線沿いに走るこの道しかない。足摺岬に至る四国のどんづまりの道である。

岩松は商店街をなす、かぼそい一本道の町であるが、津島町の中心地だ。岩松川の左岸に沿って続く町並みが切れたところで、右に視界が開けて公園が見える。この公園は多分、海を埋め立ててつくったのではないか。昔はここまで海がきていたのであろう。岩松は、岩松川の河口まで深く入り込んだ入江の最奥にある街道町だから、ここに港がないわけはない。海路は物資輸送の主路であった。

岩松の町並みは、古い家にパラペットを被せたりして、新しく見せる努力はしたが、それもまた古びてしまった。もう駄目か、というあきらめの表情で、静かに息づいていた。作家の獅子文六が書いた小説『てんやわんや』の舞台となった、相生町というのが、実はこの町である。町の中程に、やたらと、このことを書き綴った看板がある。町にとっては見果てぬ夢、といったところか。

町並みの北端のあたりの山側に大きな寺がある。寺自体は別に変わったところはないが、道路に面した山門には驚かされた。山門の中央上部に乗っている櫓《やぐら》の窓が、ギヤマン入りロココ風と言ったらよいか、大正ロマンの造型になっている。山門の突然変異という言葉が適切だ。

後で知ったことだが、この町には、ビードロの色ガラスを、縁側のガラス戸に何色も入れた、色ガラス屋敷というのがあるという。縁側と部屋の境には障子が立っているのだから、昼間、外が明るいと、七色の虹に取り囲まれているような、異様に多彩な空間になるという。これもまた、珍奇な家であることか。

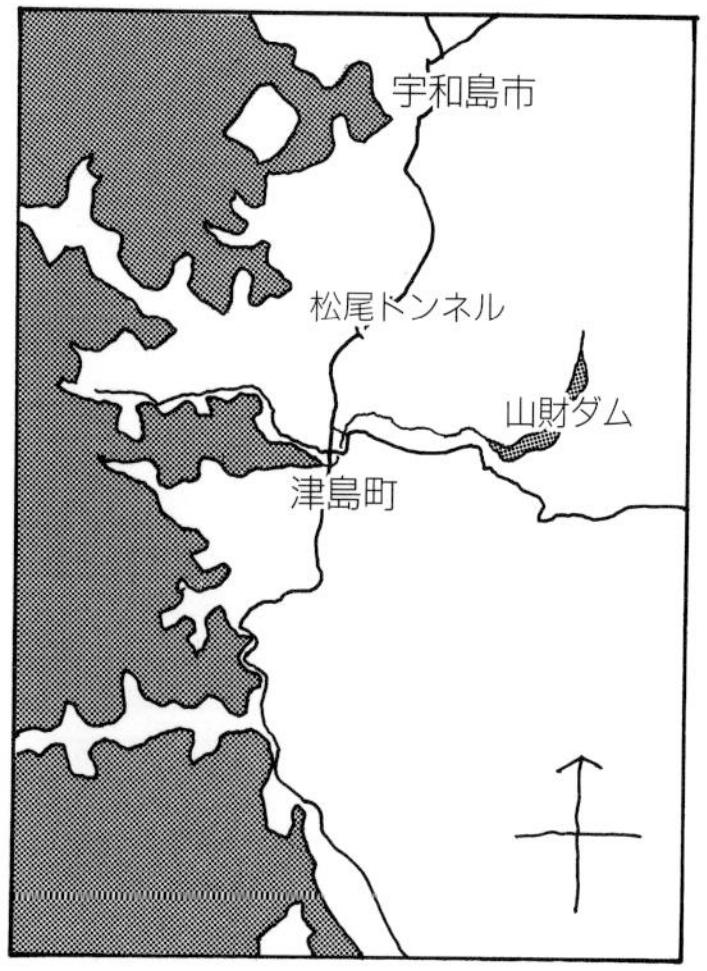

津島

四国の真っ直中にある茅葺きの村

高知県高岡郡檮原町《ゆすはらちょう》

檮原は行政上は町だが、実態は村である。清流として知られる四万十川上流の盆地にある。四万十川の流れに沿って下る路もあるが、大小の円弧を連続させて、狭い谷間を流れ下る川沿いの道だから、実用には適さない道だ。後は全部山越えの道になる。東へトンネルで高知へ、西へもトンネルで宇和島へ、北へは、カルスト台地という四国の背稜山脈を越えて松山へ、四国の真っ直中にある村だから、どこにでも行けるが、どこへも相当な距離がある。つまり、山中に忘れられそうになる村である。

この村は茅葺《かやぶ》きの家が今なお多い村である。以前、この村の家を調査した時、茅葺きの小さな家を見て、間取りも広間型で古風なので「いつごろ、お建てになった家ですか」と尋ねてみた。この家に一人で住んでいる老婆は「この戦後に建てた家じゃわ」という答え、これには参った。戦後まで江戸時代が続いているような村であった。

茅葺きの家は、村のあちこちに散在して幾つもあるが、最もまとまって建っているのは、この村でもどんづまりの、カルスト台地を越える地芳峠の上り口にある、田野々という集落である。町でも、どうなるものかと疑問を抱きつつも、茅葺き集落の保存を考えていて、とりあえず指定ということで、いちおうの歯止めの処置が取られている。

この村で特に面白いのは、集落の入り口に、必ずと言ってよいほど、茶堂という開け放しの小さなお堂が建っていることだ。形は集落ごとに皆違う。村の人達は愛情を込めて、「おちゃんどう」と呼ぶ。何のための建物であるのか。今は何に使うということもないが、お札などが掛けてあっても、宗教的なものではない。調べてみると、これは集落の番所のようなもので、訪れてきた人にお茶を出して、ここで接待したのだという。当番制で番をしたのである。これは一種のゲートだが、村にやってきた行商人が店開きする場所として、日常的には使われたのではないかと考えた。ここは山中の孤村なのだ。生活物資は行商人の手で運んできてもらうばかりだ。「おちゃんどう」はその臨時開店の場であったと理解した。

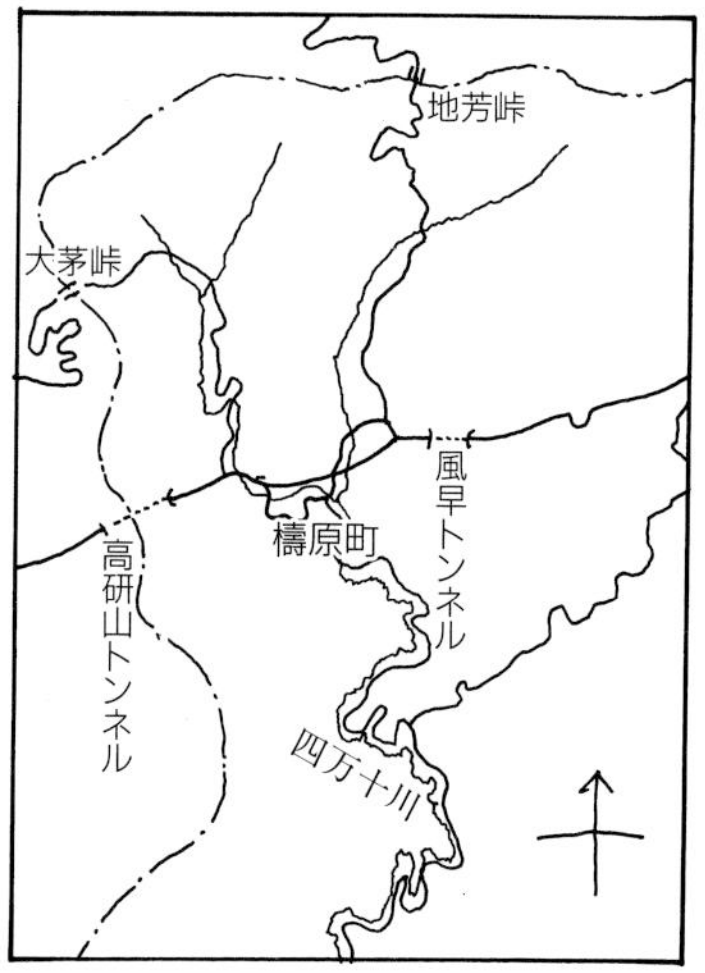

梼原
田野夕

九州

反乱武士が涙を呑んだ秋月の城

福岡県甘木市秋月

筑後川中流に広がる大水田地帯の北麓にある甘木市から、ほんの少し、山に入ったところに秋月の小さな町がある。小さいがこれでも一人前の城下町で、城跡も残っているし、武家屋敷もある。整然と町割りされた町並みの痕跡もある。ここは、福岡黒田藩の支藩で五万石の城下町であった。

「甘木千軒、秋月千軒」と称されたが、甘木は街道筋にあって商業の町、それに加えて、広い農村地帯の中の町なので、物も人もよく集まる町であったが、秋月は山の中だから農地はなく、特別の産業もなく、武士だけが住んでいる百パーセント武家屋敷の町であった。今の町に例えると、勤め人家族が住む純住宅地と言ってよい。生活物資などは甘木が供給していたのであろう。甘木は秋月の領地ではなく、福岡の本藩が直接統治していたので、五万石とはいうものの、知行も扶持《ふち》も名目だけで、実質はその半分以下であったという。秋月千軒には相当な誇張がある。秋月藩の武士達は、士族としての誇りだけで貧困に耐えていたのである。

秋月城下町の入り口は、石造アーチの目鏡橋だ。ここから真っ直ぐに緩く上ってゆく道が大手筋である。上りきると広い道が左右に伸びていて、大きな士屋敷が土塀と長屋門の中にある。三百石取りだった戸波家の屋敷だ。いまは「秋月郷土館」として公開されている。そこからさらに右手へと進むと、城の大手門を頭上に見上げる、幅広い石段の下に出る。

なんとなく陰鬱な気分になるのは、明治維新の直後、政府はこれまでの藩別政治の枠組みを解体するため、士族の知行と扶持を一挙にゼロにしたが、各地でそれを不満とする士族の反乱が起こった。秋月での反乱は特に典型的であったのか「秋月の乱」という言葉を残している。それを思ってのことである。

長い間、士族の誇りだけを頼りにして、貧困生活に耐えてきた彼等にとって、誇りの剝奪は堪え難かったのである。

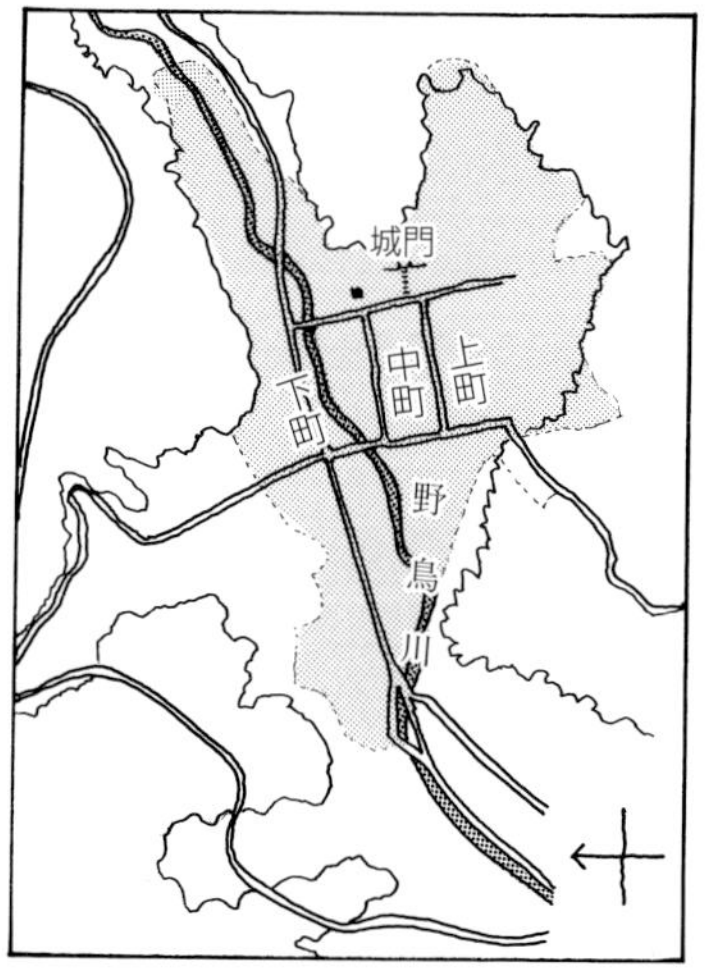

「吉井銀」を流通させた財力の町吉井

福岡県浮羽郡吉井町

筑後川中流域の大水田地帯の北麓にあるのが甘木で、その反対側、南麓にあるのが吉井である。この町も甘木と同様に街道の商業町だが、手広く問屋業も営み、筑後川に注ぐ水路を町の中に巡らして、ここから商品を舟に乗せて、筑後川を下り、遠く久留米、柳川あたりまで出荷して、商圏を拡大した町であった。

JR久大線の筑後吉井の駅を出ると、すぐ前に広い道路が横に走っていて、車の往来がはげしい。この道が久留米と大分を結ぶ街道であった。街道は北側に拡幅されているように見えた。南側には古い町並みが残っているが、北側は新しい家ばかりだ。ここが街道町だったところで、宿場の旅籠もあったという。

道を横断して町へ入ると、いかつい入母屋屋根で妻入りの塗《ぬ》り屋《や》が並ぶ町並みになる。腰のなまこ壁は、これが吉井の流儀なのであろうか、普段は丸く塗り上げる目地漆喰《めじしっくい》が、ここでは正三角形に鋭く仕上げてある。これも建物をいかつく見せている要素だ。これが吉井に独特の「いぐら屋」と呼ぶ家の造りようなのである。

このあたりが問屋町だったところで、家の間のそこここに水路が走っている。水路は盛り上がらんばかりの水量で、見ていると目が回るほどに流れが早い。これが舟運の道であった。

「いぐら屋」の造りのいかつさには、どことなく、肩肘張って見せる金満家の見栄を感じさせる。これはやっぱり、問屋町の旦那衆のステータスだったのではないか。吉井は商いに「吉井銀《がね》」と呼ばれる貨幣を使っていたという。この問屋町は銀行業も営んでいた形跡がある。

「いぐら屋」の意味は、「い」は住むという意味の居、「ぐら」は蔵だが、家の造りは正確には塗り屋造りだから蔵ではない。しかし、これを、土蔵造りの一歩手前まできている塗り屋と見れば、蔵と呼んでも許してよいような気がする。最後の「屋」は、いうまでもなく家ということだ。

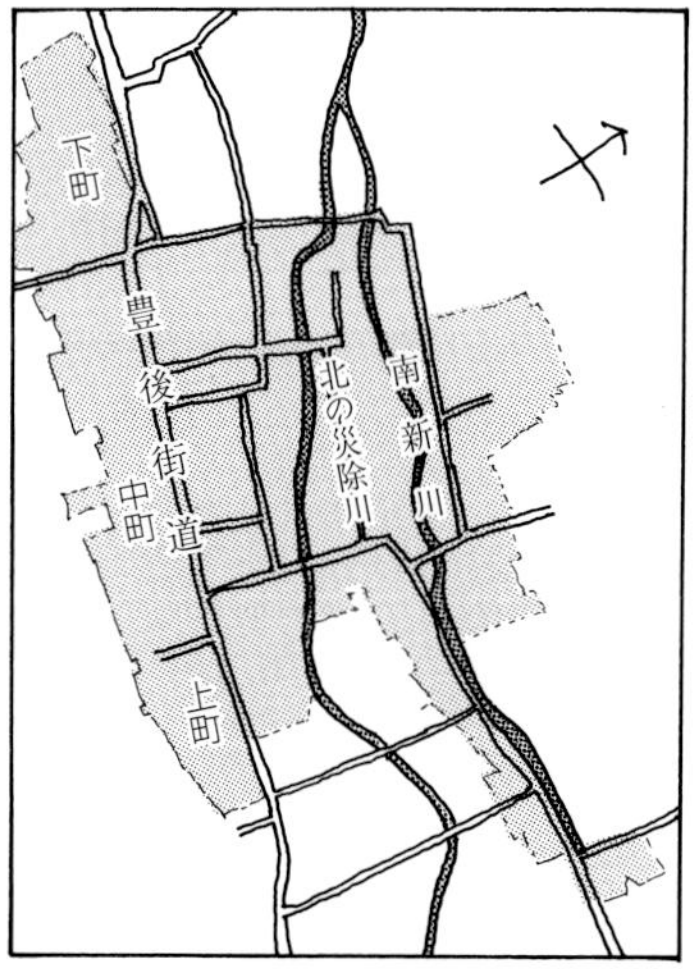

吉井

真っ直ぐに通った道が一つもない臼杵の町

大分県臼杵《うすき》市

臼杵の町は、真ん中に丘があるので、町全体の姿をつかむのに戸惑うが、原臼杵はＪＲの駅のある側ではなくて、丘の向こう側にある。この丘は締まった形の丘ではなく、溶け出したような丘なので、家々で覆われてしまっている。

この町は、各所に微細な地形に高低差があり、街区整理などしなかったので、歩くと迷うほど道が分かりにくい。道は細く、曲りくねっていて、坂道が多く、見通しがない。おまけに袋小路が多いのだから、よくよく地図を眺めながら歩かないと、自分が今どこにいるのかさえ、確認できなくなる。

町に目標が定かでないこともある。この町は城下町だったのだが、町屋町と武家屋敷町の区別も今は明らかでない。ここには寺が十三カ寺もあるが、寺町というのはなく、町中に散在している。これは城下町を造る時、防衛上の意味で、意図的に散在させたのだと言う。これも町を分かりにくくしている要素だ。要するに、この町は、なんでもかでも放り込んだ、おもちゃ箱の中にも似た町である。

臼杵は、日本の町としては特異な様相をしているが、形は全く違うけれども、町の形を決めている本質的な要素は、イスラム圏の町に類似しているように思えた。イスラム圏の町は、道路は迷路のように入り組んでいて、どこに行っても皆同じに見え、モスクが数多く町の中に散在している。

臼杵は町よりも、岩壁を削り取り、刻み込んでつくった磨崖仏《まがいぶつ》で知られている。「臼杵の石仏」と呼ばれている。この石仏を誰が、どのような意図で彫らせたのかは不明だが、これを彫った石工が大勢いたことはまぎれもない。

そう思うと、町の中にも石がふんだんに使われていることに気付く。

石塀がある。石垣がある。石段がある。石の門もある。「石敢当《せっかんとう》」と呼ぶ、中国や沖縄でよく見掛ける辻標識がある。このあたりでは、石材が取れたのであろう。まさか、石仏を彫った後の石ではあるまい。

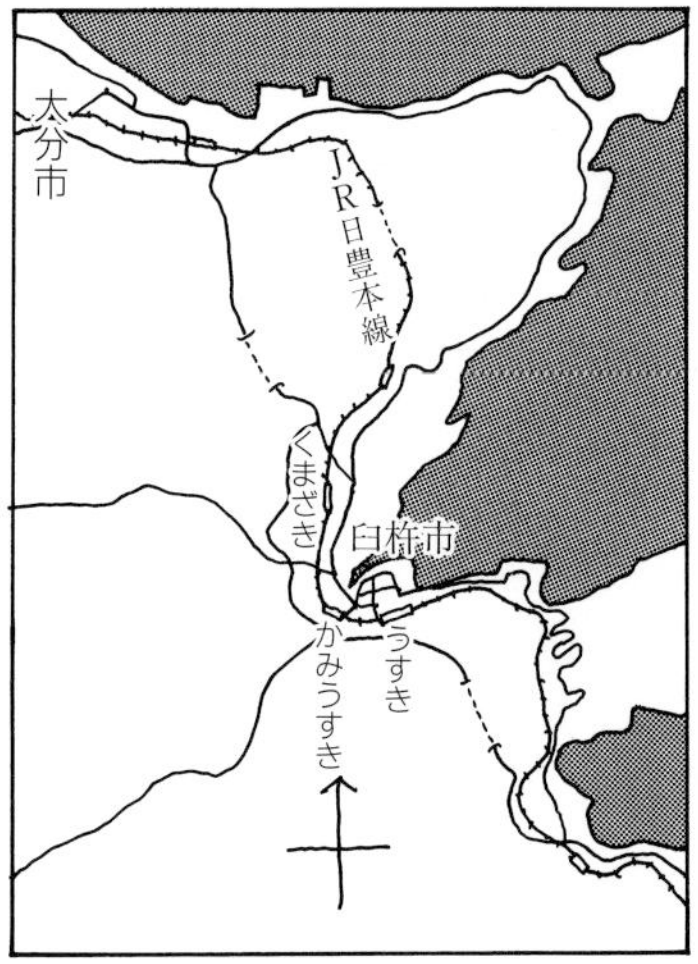

臼杵

外国人居留地だった長崎の西洋館群

長崎県長崎市東山手

神戸の項で、海際の外国人居留地と山の手の雑居地について述べているが、このことは、幕末の頃、開港場となった、箱館、横浜、長崎のいずれにおいても同様のことがあった。

しかし、長崎だけには、それ以前から、日本で唯一つの開港場だった歴史がある。江戸時代の初めから、長崎には出島があった。これは人工島で、橋一本で繋がっていた。当初はここに、ポルトガル人を隔離的に居住させる目的で造られた。条件は貿易のみが目的で、キリスト教の布教は禁止されていた。しかし、わずか二年後、彼等は追放される。彼等にとっては、貿易と布教は一体のものだったのである。そして、オランダ人がこれに替わった。

長崎が、出島によってのみ開港されていたといえば、それは正しくない。欧州人ばかりが外国人ではなく、中国人もいる。中国人はさらに以前から長崎に大勢住んでいて、南蛮貿易は、彼等の手によって行われていたのである。幕府は中国人を一か所に集めて唐人屋敷という、中国人居留地をつくった。仏教徒が多い中国人は、欧州人より緩やかに管理されていたのである。この方法が多分、全面的に開港された町の、外国人居留地の範となったのであろう。

長崎の外国人居留地は二か所であった。東山手と南山手である。どちらも海辺の低地に領事館や商館を建て、そこを見下ろす山手に住宅を建てている。東山手には有名なオランダ坂があり、南山手は大浦天主堂や神学校がある上が、グラバー園と名付けた公園になっていて、どちらも文化庁の「重要伝統的建造物群保存地区」に選定されている。

彼等が住んでいた明治西洋館は、どちらにも数戸が保存されているが、特に有名なのが旧グラバー邸であろう。港を眼下に大観するこの家は、平屋建てでテラスを巡らし、のびやかな芝生の中にある。まことにロキンチックな雰囲気だから、蝶々夫人とピンカートンの愛の巣と勘違いする人もいるが、ここに住んでいたトーマス・グラバーはイギリス人で、日本人を妻にして住んでいた。彼はこの家で一生を終えている。

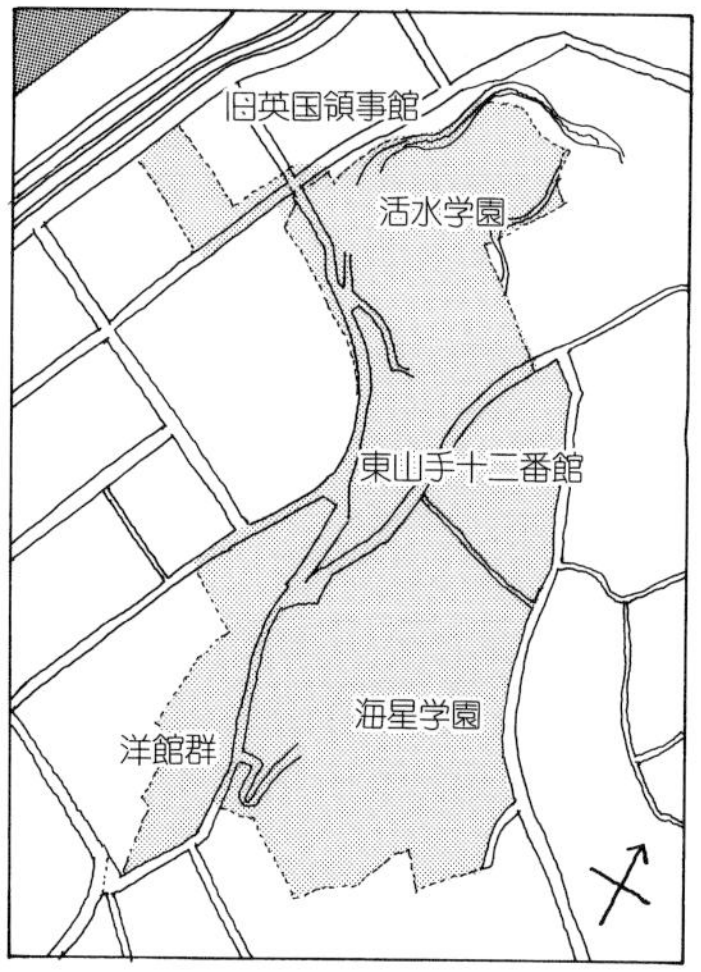

長崎

沖縄

沖縄本島で唯一残る本物の沖縄の家

沖縄県中頭《なかがみ》郡中城村《なかぐすくそん》大城

沖縄の家を見たいと思って、沖縄本島を巡り歩いてみても、それはもう無駄というよりない。沖縄の家は、すでにほとんどが鉄筋コンクリート造に建て替えられているからだ。そうなるのも無理はない。亜熱帯に近い島の気候だから、文字通りの高温多湿、木材は腐りやすいし、白蟻も付きやすい。台風がよく来るが、風をさえぎる山などはないに等しいので、まともに強風にさらされる。土砂降りの雨と強風だから、屋根が瓦葺きでは心配だ。それに家を建てるために使える木がない。これだけ正当な理由があれば、木造の家を建てなさい、という台詞《せりふ》は、とてものこと言うことはできない。

もちろん、民家圏などに行けば、沖縄の伝統的民家の姿を見ることはできるが、そこで見る家は、ほとんどが新築だと思った方がよい。見世物としてつくったものだが、これもやむをえぬことである。

沖縄本島で唯一つ残っている本物の民家がこの家、中城村の中村家である。この家も住んでいるわけではないが、重要文化財に指定されているので、保存の心配は何もない。門前に管理棟があって公開されていて、誰でも中に入って見学することができる。

太平洋戦争の末期に、米軍は沖縄本島の西海岸の嘉手納に上陸したが、日本軍は那覇市の北側に防衛線を設定していたので、米軍は所在の村々を焼きつつ、たちまちのうちに東海岸に到達して、ここで全軍の攻撃態勢を整えた。村に住む住人は皆逃げ散っていた。村の家はほとんど焼かれたが、この家だけは焼かず、ここに司令部を置いた。立派な家なので焼けなかったのである。戦いが終わって家の人が帰ってみると、家がそのまま残っていた。今、この家を見ることができる裏には、こんな歴史が秘められている。

中に入ったら、家の中はもちろんよく見たいけれども、高倉とか、納屋《なや》とか、屋敷内のさまざまなしつらえもよく観察しておくことだ。沖縄でのかつての生活がよく分かる。

沖縄にかろうじて残った唯一の伝統的民家は、すこぶる貴重だ。

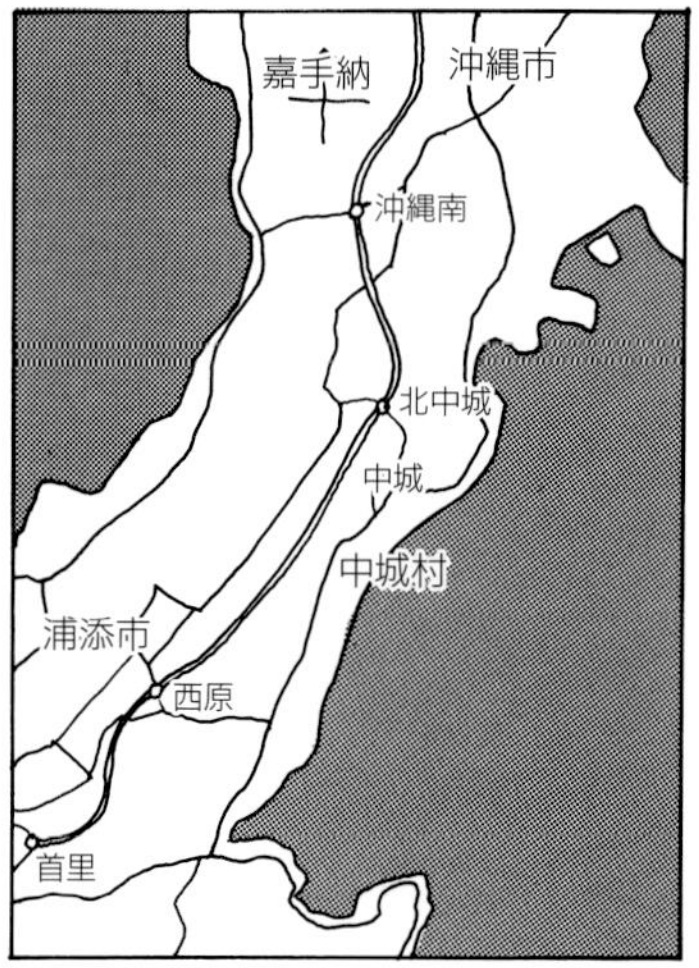

中城村
中村家

沖縄

沖縄の伝統的集落の姿が見られる島

沖縄県八重山郡竹富町《たけとみちょう》

沖縄本島に残る伝統的民家は唯一つであることはすでにのべたが、残っている伝統的集落も唯一か所、沖縄列島の中でも南端に近い竹富島である。

この島に行くには、先ず石垣島まで行き、石垣島から定期船に乗って行く。港から見ると、お煎餅のように平らべったい島が指呼《しこ》の間に見えている。船はあっという間に島に着く距離だ。しかし、この海峡をバカにしてはいけないと言われた。潮の流れが早いので、素人の操船では無理だというのである。

島がお煎餅のようだと書いたが、ただ平らべったいだけでなく、島の形もお煎餅のように円い。港から集落まで、真っ直ぐの道が通っている。港のあたりには建物もあるが、集落までの道に家はない。集落は島の中心部にあって、海辺に家はないのだ。これは当然のことである。台風が襲来した時の海の荒れようを想像してみればよい。海辺に住むのは自殺行為に等しいであろう。

集落は大きく三つに分かれている。港から直進してきたところが東屋敷で、ここが島のセンターだから、旅館とかレストランなどもあって、純粋な集落の姿はやや崩れている。東屋敷から西に進むと、そこは西屋敷だが、この間はほとんどつながっているから、別の集落に来たという感じはまるでない。少し離れているなと思うのは、東屋敷から南へ少し行ったところにある仲筋と呼ばれる集落である。

とにかく平らべったい島だから、高いところはどこにもない。集落の姿を上から眺めてみたい欲求に駆られるであろう。これは誰にも共通する欲求のようで、その欲求に応える施設は二か所ある。一つは西屋敷の中にある水道塔とおぼしき塔の上である。上に立てるのは二人までの広さしかないので、観光客が多い時には行列ができてしまう。下で待っている人がいれば気持ちが焦って、写真をいっぱいとることになる。もう一つは仲筋の中にある。ここは人の家の屋根の上だから、お金を払わなければならない。

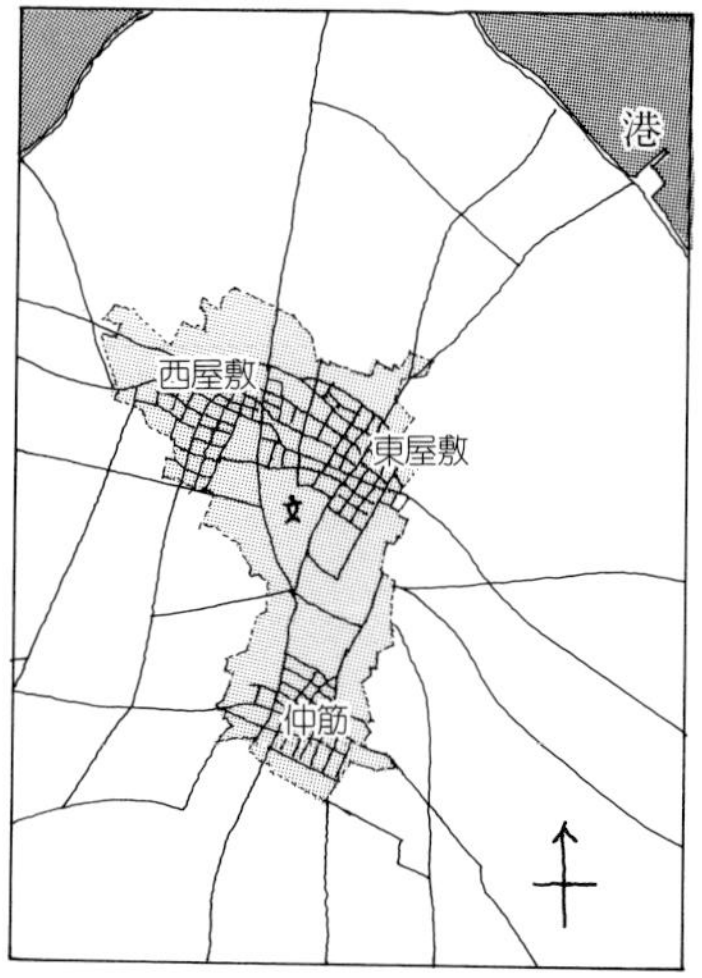

竹富島

〈著者略歴〉

吉田桂二（よしだ・けいじ）

　一九三〇年岐阜市に生まれる。東京美術学校（現・東京芸術大学）建築科卒業。現在、㈲連合設計社市谷建築事務所代表取締役、全国町並み保存連盟顧問、日本ナショナルトラスト保存活用委員、工学博士。

　著書――『間違いだらけの住まいづくり』（彰国社）、『住みよい間取り』（主婦と生活社）、『建築のかたちが決まる理由《わけ》』（鳳山社）、『町並み・家並み事典』、『民家ウオッチング事典』、『中山道民家の旅』、『歴史の町並み事典』、『旅の絵本　地中海・町並み紀行』（以上、東京堂出版）などがある。

民家・町並み探訪事典

平成一二年九月二〇日　初版印刷
平成一二年九月三〇日　初版発行

著　者　吉　田　桂　二
発行者　大　橋　信　夫
印刷所　㈱　廣　済　堂
製本所　㈱　廣　済　堂

発行所　株式会社　東　京　堂　出　版
東京都千代田区神田錦町三ノ七（〒一〇一―〇〇五四）
電話　東京三二三三―三七四一　振替〇〇一三〇―七―二七〇

ISBN4-490-10557-6　C1526

Printed in Japan